Sommaire

JACQUES ANTEL

Ceux que la Muse habite

Contrepets
fortuits ou involontaires
des poètes

Rumeur de lyre

« Il est assavoir que l'office des poetes est de bailler les choses couvertement et de faindre soubz autre semblance et figure. »

Guillaume TÉLIN, *Brief Sommaire,* 1534

« **Votre bonne mine est un Pérou** », s'extasie le valet Dubois pour remonter le moral de son ancien maître. Cette phrase des *Fausses Confidences* est devenue l'exemple traditionnel de « contrepèterie involontaire »[1] : involontaire en effet, car Marivaux, que l'on sache, ne pratiquait pas ce genre d'écart ; et puis, s'il connaissait sans doute des mots grossiers, il n'avait jamais entendu parler du poisson exotique incongrûment mis en cause[2].

---

1. Phrase signalée à ce titre dans le *Dictionnaire des citations françaises* (Le Robert).
2. Le *mérou* est enregistré en français au XIXe siècle. Pour les métaphores érotiques, le *Roman de la Rose* en esquissait l'inventaire :

Chascune qui les va nommant
Les apelle ne sai comment,
Borces, hernois, riens, piches, pines…

Imaginons maintenant un acteur qui dirait cette réplique en intervertissant les initiales ***m*** et ***p*** : le lapsus serait désastreux ; il y a des limites au marivaudage !

Le patrimoine littéraire, de Rabelais à Queneau, offre bien des exemples de contrepèteries intentionnelles, ouvertement revendiquées et dûment soulignées, tel ce vers pastichant Victor Hugo, signé « Jacquet Pervers » :

Ton perce-héros au doux rire si saoul

On ne rappellera pas ici ces cas, souvent lus[3].

Outre les libertins notoires, il nous faut donc écarter de notre recherche les auteurs suspectés de calembour. Ainsi, quand Benjamin Péret écrit :

Et il fait bon marcher dans la rue des Ânesses

dans un poème dédié « à Jacques Prévert », et de la plume de l'auteur des *Rouilles encagées*, on perçoit sans peine quelque malice.

Il s'agit dans les pages qui suivent des autres auteurs, trop soucieux de dignité, et trop respectueux de leur mission, pour s'abaisser à ces plaisanteries. On montrera que les poètes les plus recommandables ont écrit (en

3. « Le Contrepet et les Lettres » dans *L'Art du contrepet* de Luc Étienne (Jean-Jacques Pauvert, 1957).

dépit de leur vigilance[4]) des phrases se prêtant à des permutations malséantes, bref : qu'ils ont commis des contrepèteries. Qu'ils l'aient fait avec gravité n'atténue pas l'effet scandaleux d'une lecture fautive, au contraire !

On rencontre des permutations plus ou moins fâcheuses.

Qu'on lise chez Musset « **frémir de joie** » (*Sur la Paresse*) ou « **gémir de froid** » (*Marie*), ou bien l'inverse, c'est sans grave conséquence. Ou encore ce vers de Lamartine :

Il coule, et nous passons !

ne serait pas moins romantique sous la forme : *il passe et nous coulons*; quant à : *il cale et nous poussons,* ce n'est plus le même registre !

De même ce texte de Max-Pol Fouchet :

Capture du chasseur à l'appeau

pourrait donner accidentellement : *du chapeau à la sœur*; ce qui n'est pas encore bien gênant (sauf pour la sœur).

---

4. Vaugelas dans ses *Remarques* (1647) attirait l'attention sur la *mauvaise équivoque* « par le moyen de laquelle les meilleurs Escrivains et les meilleurs Prédicateurs se peuvent rendre ridicules et ainsi perdre le fruit des bonnes choses qu'ils ont dites » ; à l'égard des femmes, « il faut avoir un soin extraordinaire d'éloigner de ces esprits folastres tout ce qui peut leur donner de mauvaises pensées ». Aussi faut-il éviter : *cas* (et le *k* comme le *q*), *chose, outre...*, tous ces mots sales souillant les bonnes mœurs.

Si au lieu de «**Assiégez les portes!**» (Racine), un acteur dit : *Apportez les sièges!*, cela n'offense pas la Morale : c'est tout de même préjudiciable au pathétique.

Un exemple plus grotesque : dans ce vers parodique de Voltaire, on pourrait malencontreusement intervertir les voyelles soulignées :

De ce b*ou*rbier vos p*as* seront tirés

ce qui prêterait à rire (c'est tout de même moins grave que de *tirer les cailles du bourbier...*).

Autre exemple : ce vers de Lefranc de Pompignan, auteur des *Poèmes sacrés* :

Chantez le *D*ieu *v*ivant, royaumes de la terre!

Dire : *le vieux divan*[5], ce n'est pas très orthodoxe; et il est arrivé de brûler jusqu'aux gens pour moins que ça.

De tels cas, objets d'un humour anodin[6], pourraient être cités en abondance. Notre relevé se limitera par nécessité à des exemples plus obscènes, ceux qu'il importe de repérer en priorité, ces choses laides propres à fâcher, tel le célèbre incipit de Vigny :

---

5. Il est garanti pour longtemps : *Loué soit le Dieu vivant!* (Paul Fort), etc.

6. On transmet depuis le XIXe siècle ces «contrepetteries» de théâtre : *Trompez, sonnettes!*; *C'en est mort, il est fait!...* (dans : «Les Propos gais, pour faire rire tout le monde», Société de la Gaieté française, s.d.).

J'aime le s*on* du c*or*

Il faut veiller à préserver l'honneur des prudes des beaux salons ! C'est pourquoi, comme dans les exemples ci-dessus, on signalera *typographiquement* les sons qu'il est imprudent d'intervertir : consonnes, voyelles, mais aussi syllabes (comme qui dirait : *Mignonne, allons voir la cirrhose*). Exemples de consonnes, puis de voyelles à ne pas déplacer :

Faut-il *p*resser les *D*ieux ? (Hesteau de Nuysement)

Vous ne connaissez point ni l'am*ou*r ni ses tr*ai*ts
(Pierre Corneille)

Exemples de syllabes dangereuses :

Ces *fray*eurs ne t'ont pas é*branlé* (Théophile de Viau)

Il faut cacher le *bien qu'on* fait (Jean de La Fontaine)

Parfois, un seul son est décalé[7] et peut occuper la place indiquée par le signe / :

Que sa c/oupe fragile est lente à se b*r*iser !
(Marceline Desbordes-Valmore)

Et je peux écouter la fin/ d'un autre con*te*
(Pierre Reverdy)

7. « L'Art de décaler les sons » est le sous-titre de l'ingénieux *Manuel de contrepet* de Joël Martin, Albin Michel, 1986.

On ne trouvera ici que des vers, et parmi les plus polis. Pourquoi ce parti pris ?

Le choix des formes versifiées s'explique d'abord par le fait qu'elles sont particulièrement vulnérables au lapsus, puisqu'elles doivent être récitées. Et puis la Poésie est l'expression des plus hautes aspirations, à l'opposé du Contrepet. Les plus belles pages ne sont-elles pas le plus souvent versifiées ?

Enfin, les autres styles, comme le roman, la publicité et le tout-venant de la presse, ont été méthodiquement mis à contribution dans nos recherches précédentes : *Le Contrepet quotidien*, paru en 1990, disparu en 1992 – dont nous accueillons ici un choix de vers – et *Titres fourrés* (1999), constitué de fac-similés journalistiques plus récents et tout aussi répréhensibles [8].

Nombre de recueils de contrepèteries donnent des phrases créées à cet usage ; les citations qui suivent, on l'aura compris, sont toutes authentiques (quand on s'attache à citer les vers, on tient à la véracité). Pour être fortuites, les contrepèteries d'écrivains n'en sont pas moins évidentes, même si elles sont moins ouvragées que les contrepèteries intentionnelles.

8. *Le Contrepet quotidien*, Ramsay/Jean-Jacques Pauvert, 1990. *Titres Fourrés*, Éditions Périphériscopiques : peripheriscope@bluewin.ch.

On n'apprécierait guère cependant les cas compliqués ; par exemple, ce vers de Voltaire :

Passent le sein des mers

ne donnerait qu'avec des contorsions : *massent les paires de seins*, ce qui est certes ignoble, mais le lapsus est forcé et improbable.

Enfin, que l'on ne nous reproche pas de vouloir, en recourant à ce seul fond, ridiculiser les grands Auteurs. C'est tout le contraire : il s'agit généralement (parmi les tas à bouquiner) de poètes retenant l'attention, et auxquels nous avons à cœur d'épargner de fâcheux malentendus, en relevant les expressions qui nous ont indigné. Nous espérons qu'elles vous indigneront de même*.

Jacques ANTEL

* Les commentaires accompagnant ces citations s'efforcent d'être convenables. Cependant, on a pu déceler plusieurs cas de contrepèteries clandestines (prévisibles ou inattendues). Les lecteurs pourront donc exercer leur coup d'œil sur ces cas en plus.

A

Abîme

Le Poè*te* aime l'abî*me*

dit Victor Hugo (*Odes et Ballades*), ce qui est illustré par de nombreux vers ; dans *Toute la Lyre*, on voit les réprouvés :

Se *t*ordre sur l'abî*me*

Dans *L'Année terrible*, où les hommes tendent à s'abolir :

Brûle et tue, et devient l'a*t*ome de l'abî*me*

C'est le trac devant la chute… Ou encore, dans *Les Quatre Vents de l'esprit* :

Nous sommes les proscrits, nous habi*t*ons l'abî*me*

Cette dernière expression est reprise par Paul Valéry, dans *Fragments du Narcisse* :

Habi*t*ant de l'abî*me*, hô*te* si spécieux

où l'on peut noter deux cas assez louches.

Décrivant *La Chute du Rhin*, Lamartine :

T*ouche au bord de l'abî*me

Ou bien « **t*ou*che au b*ord*** » (voir à la lettre T).

Abuser

Je ne sais qui des deux *est* **le moins ab***usé*

Joachim du Bellay, *Les Regrets*

(L'auteur révèle le nom des deux.)

Accroupi

Marie Noël (*Les Chansons et les Heures*) voit des clochers partout, par exemple :

Sur le haut de la *ville* **a***ccroupi***e**

Accuser

Et l'on a*ccuse* **notre** *vie***!**

Alphonse de Lamartine, *L'Enthousiasme*

Ils n'ont de leur défaite a*ccusé* **que mon** *bras*

Jean Racine, *Alexandre le Grand*

C'est le Grand qui cause l'affliction !

Adorer

Quoi que veuille exiger une *femme* **a***dor***ée**

Pierre Corneille, *Othon*

(Il lui faut peut-être des hommes à sa botte.)

Amante

L'A*m*ante de Cé*ph*ale entr'ouvrait la barrière

Tristan L'Hermite, *La Lyre*

Dans ce poème, le Soleil découvre la Beauté « tout confus » (voir ce mot).

Amour

Am*our*, tu p*erd*is Troie !

Jean de La Fontaine, *Fables*

Il est question de l'amour d'Hélène…

Sur « **l'ai*le* de l'Amou*r*** » :

Les parfums de l'Amou*r* f*l*ottant dans ton passage

Jean-Louis Vaudoyer, *Colliers*

Ainsi, moi seulement sous l'amou*r* je ne p*l*ie

Mathurin Régnier, *Satire*

L'amour est un sujet d'élection.

Ampoule

Et la *sainte* am*poule* de Reims
Tarirait plutôt que ma goutte

Théophile de Viau, *Satire*

Ne pas confondre avec quelque lampe sacrée.

Ange

Début de *Confession* d'Odilon-Jean Périer :
*Ang***e rude et** *ma***lin**
Dieu sait où se cache le Malin !

Art

Ceci se retrouve dans une *Épigramme* de Boileau et une *Épître* de Piron :

Apollon, le d*ieu* **des beaux-***arts*

Et puis dans la première *Satire* de Nicolas Gilbert :
Ce tyran des beaux-*arts***, nouveau d***ieu* **des mortels**
Torrent des bizarres serait une déformation simplement absurde.

Chez Pierre de Villiers, *Épître* :
Ne *d***is point qu'à to***n* **Art ces changements burlesques**
Furent toujours permis comme traits pittoresques

Et chez André Chénier, ce joyeux titre qui montre la manie du jeu :
Les *D***élices de***s* **Arts**

Attente

Goûte plus de plaisir que *m***oi dans son a***t***tente**
Pierre Corneille, *Clitandre*

Creusant l'a*tt*ente, *f*ouillant les plis

Michel Butor, *Envois*

Aussi

Vous me *v*erriez au*ss*i

Jean Racine, *La Thébaïde*

Serait-ce point de *v*ous qu'elle viendrait au*ss*i?

Jean de La Fontaine, *Discours à Madame de la Sablière*

Avis

Quel *coup* de foudre, ô ciel, et quel funeste a*vis*!

Jean Racine, *Phèdre*

(Phèdre ressent le coup de foudre sur le tard.)

Si vous vouliez pourtant é*cout*er quelque a*vis*

Jean-François Regnard, *Le Distrait*

C'est un a*vis* des *dieux*

Jean de La Fontaine, *Fables*

Je suivrai donc encor votre a*vis* et vos *pas*

Racan, *Les Bergeries*

On peut lire aussi « **votre *a*vis et vos /pas** », mais cela fait sept syllabes.

Que je te donne a*vis* du *temps* qu'il faudra prendre

Pierre Corneille, *La Place Royale*

Un peu de paix permettra d'aviser.

B

Balcon

Suivant la tradition des amoureux au bas d'échelles :

Tu n'auras pas besoin d'une échelle de *s*oie
Furtivement nouée à ton *b*alcon vermeil

Charles Derennes, *Perséphone*

Ce balcon mérite-t-il d'être cité ? On aura peut-être relevé d'abord « **une é*ch*elle de *s*oie** ».

Banquet

Curieux comportement signalé dans *La Maison du Berger* de Vigny :

Tu chantas en b*u*vant dans les b*an*quets d'Hor*a*ce

(Plusieurs transformations possibles pour ce cas de buveur.)

Bas

Dans *Joueurs de quilles*, Maurice Fombeure raconte cette fête des quilles :

Au b*as* des m*ou*lins

(Des histoires de jeux à quitter, de quilles qu'on ajoute, etc.)

Bâton

On connaît ces vers ambigus de Baudelaire :

On dirait un serpent qui danse
Au b*out* d'un b*â*ton

Baudet

À ces mots, on cria har*o* sur le baud*et*
C'est rude pour l'ânesse !

Bavard

Ces d*eux* bav*ards* sont toute ma compagnie

Henri Michaux, *La Nuit remue*

Beauté

C'est de m*i*lle b*eau*tés un illustre mensonge

Bussières, *L'Arc-en-ciel*

En fait, ces gens sont assez laids.

Belle

Mais qu'avez-vous fait de vos b*e*lles am*ou*rs ?

Georges Ribemont-Dessaignes, *Poèmes*

Berge

De la *b*erge fougueuse où le Héros dé*v*ale

José Maria de Heredia, *Hercule et les Centaures*

C'est le style du héros romantique.

Bête

Marguerite de Navarre a chanté les valeurs du *Vray Amour* :

Qui nous d*i*ffère des b*ê*tes

De Victor Hugo, dans *La Légende des siècles* :

Et la paille qui sert aux b*ê*tes de l*i*tières

C'est un peu comme une paille de plumard…

Dans le même recueil, cette vision tirée des « **G*r*andes *L*ois** » :

L'énorme nu*it* des b*ê*tes

C'est dans *L'Art d'être grand-père* que ce poète s'adresse ainsi « à Jeanne » :

Je ne te cache pas que j'aime auss*i* les b*ê*tes

L'habile bête est souvent sur ses gardes :
Pareil à une bête tap*ie*

Francis Carco, *L'Homme de minuit*

D'André Frénaud, *Plainte du Roi mage* :
L'haleine des bêtes y est plus douce que la myrrhe

Biaiser

Et biaisant quand la marée oblique

Paul Verlaine, *Sagesse*

(Dans ce livre, le poète dépravé parle de sagesse, et de sa foi.)

Biche

Dans le *Cantique sur l'histoire de sainte Geneviève de Brabant* du Père de Cerisiers, cette découverte de l'épouse abandonnée, après une expérience de noces pénibles :
On ne voit dans la gaieté
Que la bi*che* à son côté
D'où il ressort que les biches s'accoutument aux hommes.

Bile

De Pradon, cette *Satire* contre Boileau :
Mais tu suis le penchant où la bi*le* t'entraîne
(Il a bien le genre de mine à pencher.)

Bise

Dans *Les Quatre Vents de l'esprit*, Hugo montre :
La bi*se* irri*t*ée
Voilà un vent dont on se défie.

Blesser

Dans *Les Rayons et les Ombres*, le même Hugo se laisse remuer par quelque fond de tendresse :
Je me traîne après vous, pauvre f*emm*e bl*ess*ée

Bœufs

Encore de Victor Hugo, ce vers aux résonances bucoliques :
Une clochette au *c*ou des *b*œufs
tiré des *Chansons des rues et des bois* (et non : *des buses et des rois,* comme ironisait Philippe Soupault.)

Les grands b*œufs* ne font pas les grands lab*ours*
Jean-Antoine de Baïf, *Mimes*

On *c*roirait des *b*œufs

Philippe Jaccottet, *Le mot joie*

Bois

Et je dis que je veux m'e*n* aller dans les *b*ois

Victor Hugo, *Toute la Lyre*

Bon

***B*on *c*oureur n'est jamais pris**

Jean Passerat, *La Journée de Senlis*

Si le b*on* te reprend, que ses c*oups* te soient doux

Agrippa d'Aubigné, *Les Tragiques*

Ce qui change des coups pleins de fureur…

Au traditionnel « ***B*on *C*oucher** », on peut opposer :

Les *B*ons *C*royants

glorifiés par Victor Hugo dans *Religion* (il vante volontiers leur foi.)

Bonace

Tout s'a*cc*orde à notre *b*onace

François de Malherbe, *Pour la Reine mère*

Cette *bonace* est d'un usage courant chez Malherbe :

Une *molle* *bon*ace nous laisse jouer

Ode à Richelieu

Bonne

Dans une comédie de Piron, on embauche *Les Huit Mariannes* pour les faire défiler ; arrive la dernière :

C'est ma foi la *b*onne, pour le *c*oup

Borne

De l'empire persan les b*o*rnes rec*u*lées

Jean Racine, *Bajazet*

Tu as vu la b*o*rne *u*sée où, un jour,
Une jeune fille s'assit

Francis Jammes, *Existences*

Botte

Parmi les *Châtiments* promis par Victor Hugo :

Ôte ta renommée avec un t*i*re-b*o*tte

(C'est le truc qui fait décalé.)

Bouche

Nourrissez-vous enfin, *bouch*es a*ffamé*es

Jean Tardieu, *Images de l'Enfer terrestre*

Elles devraient avoir leur part à bouffer, et en faire des collations…

Bouillir

On fait cas d'un coursier qui, fier et plein de cœur,
Fait paraître en *c*ourant sa *b*ouillante vigueur

Nicolas Boileau, *Satires*

Mon cou*r*age bou*ill*ant ne se peut retenir

Pierre Corneille, *La Suivante*

Chez Racan (*Les Bergeries*), la *bouillante rage* rime naturellement avec *courage* : propos du Satyre (qui s'acharne à citer Chloris) :

D'où me vient, hors de temps, cette *b*ouillante rage ?
Quelle nouvelle ardeur s'allume en mon *c*ourage ?

Du berger Cléante (citant d'autres bouillons) :

Encore à ce matin cette bou*ill*ante rage,
Animant d'Alcidor l'impétueux cou*r*age

Tous personnages qui luttent en rageant… Les différents cas se retrouvent dans *Adonis* de La Fontaine :

Mais Capys, l'arrêtant, s'écrie : « Où *c*ourez-vous ?
Quelle *b*ouillante ardeur au péril vous engage ?
Il est besoin de ruse, et non pas de *c*ourage. »

On choisira la solution la plus révoltante.

De toute façon, ces mâles qui bouillent ne pensent qu'à l'ardeur.

Le vieux *sang* **des aïeux qui s'indigne et qui** *bout*

Victor Hugo, *Les Châtiments*

Variations du même poète sur ce dernier thème, l'exaltation de *Ruy Blas* :

Mon *sang bout* **!**
Je l'aime follement ! je l'aime, voilà tout !

Et remarquable séance du balcon pour *Hernani* :
Voilà bien le balcon, la porte… *mon sang* **bout**

Bouillon

Son sang à gros *b*ouillons sur cette *c*ouche verte

Pierre Corneille, *Rodogune*

Peut-on voir aussi les « **gros bou*ill*ons sur cette cou*che*** » ?

Ton *c*ourroux, enflé de *b*ouillons

Racan, *Odes*

Dans ces ro*cs* (…) engloutir les *b*ouillons

Abbé Jacques Delille, *Les Jardins*

Le jeune homme, inquiet, ardent, plein de *c*ourage,
À peine se sentit des *b*ouillons d'un tel âge,
Qu'il soupira pour ce plaisir

Jean de La Fontaine, *Fables*

C'est un jeune homme qui distrait sa peine dans le désir, rêvant de chasse dans les taillis.

Boule

Il faut prendre cette grosse *b*oule entre nos *m*ains

Paul Claudel, *Conversation dans le Loir-et-Cher*

Voilà une boule qui se prête aux mythes.

Bouton

Dans un récit de La Fontaine mettant en scène l'Écolier et le Pédant, le premier, au jardin, inconsidérément :

G*â*tait jusqu'aux b*ou*tons

Le Pédant était dégoûté !

Braise

Et pour la maintenir, j'ét/eindrai mieux ma b*r*aise

Pierre Corneille, *La Veuve*

C'est ici, d'ailleurs, qu'il est question de ne « **parler que de *n*os *f*eux** ».

Branche

Dans *La Légende des siècles*, Hugo décrit ces régions connues des barbares :

Où des tas de vieux droits divins *m*ê*l*ent leurs *bran*ches

Curieux tableau dû à Paul Claudel dans *Poésies* :
Elles écartaient les br*anches* avec leurs m*ains*

Titre incipit de Thérèse Plantier dans *La Loi du Silence* (ce n'est pas *: la ville du silence*!) :
Une grosse *bran*che une large *va*llée

Bras

Si que le temps ni autre amour nouvelle
Ne te feront de mon *br*as délâ*ch*er

Étienne Jodelle, *Les Amours*

Mais à peine mon *br*as en relève la *ch*ute

Pierre Corneille, *Rodogune*

Dans cette histoire de chute de roi, Cléopâtre espère épargner la peine à ses fils, en protégeant les chutes de ses bras…

Du même dramaturge, *La Suivante* :
Et me ca*ch*ez ce *br*as dont je reçois les coups
Où l'on remarque aussi « **d*ont* je reçois les c*oups*** », susceptible de faire chuter des gens légers.

François Coppée (*Les Humbles*) se consacre aux contes des rues :
Et des têtes de sphinx à tous les *br*as de *ch*aise,
Mais ne souriez pas car on doit être à l'aise

Bruit

Allusion équivoque aux traditionnels *faux bruits*, chez Corneille (*Don Sanche*) :

Ce *b*ruit peut être *f*aux, et me rendre ma joie

Brûler

Coup double de Corneille dans *Le Menteur* (celui qui brode tant) :

Sa vue accroît l'*a*rd*eu*r dont je me s*ens* br*û*ler

Chez Desportes, *Les Amours de Diane* :

Tu t'abuses toi-même, ou tu br*û*les d'*en*vie

Quand on s'abuse, c'est souvent avec des mythes.

Dans *Médée* de Corneille, on voit l'ardente princesse attisée par les robes :

Madame cependant en est toute ravie
Et de s'en voir parée elle br*û*le d'*en*vie

S'il faut d'autres exemples, on cherchera chez Ronsard :

Et qui oncque en sa vie
Ne fut br*û*lé d'*en*vie

Odes

Mais je vois bien que vous br*û*lez d'*en*vie

Les Amours

En somme, tous les amoureux brûlent, sensés ou non.

Dernière confirmation dans *L'Art d'aimer* (ou : l'art d'imiter) du surnommé Gentil-Bernard :

Vous qui br*û*lez dans l'été de vos jours,
Parez l'autel qu'enc*en*sent les Amours

But

Et mon intérêt seul est le *b*ut où tu *c*ours

Jean Racine, *Esther*

Furetière a observé les hommes aux boules (*Le Jeu de boules*) :

Enfin, pour mieux viser *c*ouchant le *b*ut en joue

Pour ce coup au but, on hésitera peut-être sur « **le *b*ut en *j*oue** ».

On s'étonnerait que Victor Hugo ne recoure pas au *but*; dans *La Légende des siècles,* on voit *les hommes d'aujourd'hui* :

***C*ourant droit au *b*ut qui les réclame**

C'est ainsi que des hommes s'abusent…

Autre illustration, du même recueil :

Je marche, je revois le *b*ut sa*c*ré

(D'aucuns préféreront peut-être « **le b*ut* sa*c*ré** »).

De Baudelaire, s'adressant aux *Femmes damnées* (et condamnées) :

***C*ourez au *b*ut de vos désirs**

On sait que ces ***F*emmes *d*amnées** sont des dames saphiques.

Quant à Étienne Jodelle (*Sonnets*), il met en scène une fille curieuse :

Pour te baiser, son col allonger tu lui vois
À chaque *c*oup de *b*ut qu'elle sent sur ses doigts

Butin

Dans ce verset de *La Muse qui est la grâce*, Paul Claudel évoque le travail ardu de l'employé chargé de recenser :

Ainsi le scribe Égyptien recensait de sa pointe minutieuse
les tributs et les *p*arts de *b*utin

C

Caille

On goûte les cailles de différentes façons (*cailles aux choux, tourtes de cailles…*). Et en poésie ?

Qui songe à l'aile qui pousse
Si la c*a*ille a de la m*ou*sse

Victor Hugo, *Les Contemplations*

(C'est quelque chose qui doit pousser sur les cailles.)

Calice

Oui, c'est un vaste amour qu'au fond de vos c*a*lices
Vous b*u*viez à plein cœur, moines mystérieux !

Alfred de Musset, *Rolla*

Camp

Dans *Iphigénie* de Racine, la jeune Ériphile veut fuir Achille. Pourquoi ? elle s'en explique en termes voilés :

Souffrez que loin du *c*amp et loin de votre *v*ue
J'aille cacher mon sort

À la scène suivante, c'est une autre histoire :
Tout le c*amp* même encore est tr*om*pé comme vous

Dans *Athalie* du même dramaturge, l'héroïne parle du *malheur qui* :
Dispersa tout son c*amp* à l'aspect de Jéh*u*

N'oublions pas Victor Hugo : dans les *Odes*, on voit :
L'un sur l'autre à grands cris f*on*dre les c*amps* rivaux

Alors qu'au fil de *L'Esté* de Bénigne Poissenot :
Le c*amp* se r*ompt*

Cas

Votre d*ur* c*as* me touche

Voltaire, *Le Pauvre Diable*

Il est clair aussi que ce « **c*as* me t*ou*che** ».

Au préjugé qui *hue* un homme dans ce c*as*

Paul Verlaine, *Jadis et Naguère*

Un cas assez rusé dans *L'Allusion* de Papillon de Lasphrise :
Je mets diligemment le c*as* sur le b*ur*eau

Castille

La Castille â*p*re et sans fleurs
découvre-t-on dans une *Ode* de Valery Larbaud, poète qui s'attardait volontiers au bout d'un train.

Mon nom sert de rem*p*art à toute la Castille
Pierre Corneille, *Le Cid*
(Il s'agissait d'éviter la prise de la Castille.)

Censeur

On doit à Boileau la formule de « censeurs de Pyrrhus», à propos des héros de Racine :
Et peut-être ta plume aux c*en*seurs de Pyrrh*us*...
Une sorte d'hommage au bel art d'une plume.

Cesse

Fin et *cesse* sont constamment associés, depuis le Moyen Âge. Quelques exemples :
Ne prist cesse ni *f*in
Mort d'Aymeri de Narbonne (XIIe siècle)

Jésus régnant, qui n'a ni *f*in ni cesse
François Villon, *Ballade*

Ils renaissent sans *f*in, ils reviennent sans cesse
Victor Hugo, *La Légende des siècles*

Sans *f*in ni *c*esse recommence
Avec des gestes de démence

Jean Richepin, *Le Glas*

Chasse

La table, la *c*haise ou autre *b*ois

Eugène Guillevic, *Choses*

On devine le genre de chaise qu'il faut.

Ma sœur Anne, un *b*âton de *c*haise

Maurice Carême, *L'Arlequin*

Chaleur

« Chaleur » peut donner lieu à une interversion des syllabes, dans bien des contextes, par exemple : le coup de *cha-leur*; imaginons une permutation plus surréaliste :

À grands *coups* de *cha*leur dans l'été de leur soif

Paul Éluard, *Ici à un coupable*

Chambre

N'épargnez *c*hambres ni *m*anoirs

Henri Baude, *Rondeau*

On va s'en prendre aux murs d'ambre.

Champ

À la poursuite des nymphes prenant des bains aux sources :

G*l*acent aux *ch*amps la Dryade timide

Gentil-Bernard, *L'Art d'aimer*

Bien il est vrai que ch*amp* gr*as* et utile
Donne travail ; mais plaisante est la peine

Clément Marot, *Épigrammes*

C'est ainsi que ce laboureur jouit de sa peine (voir ce mot).

L'expression se retrouve chez le bucolique Francis Jammes (*Un jour*) :

Les *ch*amps *g*ras vont rouler dans une espèce de laine

(Dans ce même poème, il est aussi question de « **la *b*onté des ho*mmes*** ».)

Chant

L'Anthologie des Métiers reprend un poème de Leconte de Lisle sous le titre :

Le Ch*ant* de l*a* fileuse

Dans ce chapitre, on découvre celles qui cousent les robes ; on y tâte encore des lessives avec des mains gercées.

Chanter

Une belle f*ille* qui passe en ch*ant*ant

Victor Hugo, *Les Chansons des rues et des bois*

(On peut remarquer la « **belle fille qui p*a*sse** ».)

Char

Voyez ces cha*rs* de fê*tes*

Victor Hugo, *Les Contemplations*

Il y a toujours des chars préparés pour ces dates.

Charmant

L'idée est fort belle, et dans un *goût cha***rmant**

Charles Baudelaire, *Idéolus*

Chasse

Dans *Clitandre* de Corneille, le Prince réagit quand on sonne des cors :

Ce cor m'appelle, adieu, toute la cha*sse* prê*te*

Chasser

Du *Recueil des vers* de Pierre de Marbeuf :

Que si mes desseins amoureux

Ont des froideurs, l'é*té* les cha*sse*

Ou bien, si l'on préfère : « **l'é*té* les *ch*asse** ».

Chêne

Un vers de Malherbe, *Récit d'un berger* :

Et les chê*nes* d'Épi*re*

expression aussi ambiguë que : *l'échine des pères, les pires des chaînes* etc. (Voir aussi le mot : *Épine.*)

Chine

Elle s'appellera Crê*pe* de *Ch*ine

Hervé Delabarre, *Danger en rive*

Voilà un nom bien couvert !

Du fin fond de la Thrace aux *p*ortes de la *Ch*ine

Charles Péguy, *La Grèce*

Chute

Chez Racine, dans la première scène de *Britannicus*, c'est la décadence :

Vers sa *ch*ute à grands *p*as chaque jour s'achemine

Du même auteur, dans *Les Plaideurs*, cette réplique de Léandre :

Quelle *ch*ute ! mon *p*ère !

Et dans Voltaire :

Un trépas si f*a*meux, une ch*u*te si belle
Rendait de ta vertu la mémoire immortelle

D'André Frénaud, *Les Rois Mages* :
Seul un épi d'or sorti du songe
Que le *p*oids de nos *ch*utes n'a pas su gonfler
On admirera l'*épi* de cette scène.

Le coup encore frais de ma *ch*ute *p*assée
François de Malherbe, *Les Larmes de saint Pierre*

Le c*oup* de la ch*ute*, également, n'aura pas échappé au coup d'œil du lecteur averti.

Cieux

Indignation de Victor Hugo (*Les Quatre Vents de l'esprit*) :
Mettre du p*iège* dans les c*ieux*!

Cil

Il y a des c*i*ls qui b*a*ttent
Henri Rode, *Comme bleu*

Circuler

Verlaine s'adresse ainsi *À Léopold II* :
Votre *sang cir*cule en moi

Cité

Et voici derechef une ***c*****ité de*****b*****out**

Jean Richepin, *Blasphèmes*

Cœur

De Corneille, *Cinna* :

Elle a l***u*** **dans mon c*****œur***

Cet usage bizarre des amoureux se perpétue, par exemple chez Musset (*Complainte de Munuccio*) :

Que dans mon c***œur*** **mon doux seigneur ait l*****u***

D'autres cas, plus ou moins bons, proposés par le même poète :

C'est ce qu'il faut laisser à ces bouff***ons*** **sans c*****œur***

L'Oubli des injures

Mais l'amour de ton c***œur*** **s'appelle d'un beau n*****om***

La Coupe et les Lèvres

Lamartine renvoie la balle, dans ce message *À M. de Musset* :

Le lim***on*** **de mon c*****œur*** **descend au fond du vase**

Dans *Le Différend*, La Fontaine vante :

Cet art admirable
De tendre aux c***œurs*** **des hameç*****ons***

(Ces spécialistes de l'art doivent être doués.)

Sans Thémire je ne puis vivre ;
Mon b*ut* à son c*œur* est fixé

Jean-Jacques Rousseau, *Romances*

Le bouch*on* d'un c*œur* saute dans la musique
dit Léon-Paul Fargue dans un texte de *Vulturne*, où est décrit le « **drap/d'écu*me*** ».

Faut-il que seule je te sente
Dans mon c*œur* comme un rameau n*u*

Lanza del Vasto, *Le Triolet inachevé*

Combat

Et devant le *c*ombat ont les palmes au *f*ront

François de Malherbe, *Les Larmes de saint Pierre*

Par des cris et des pleurs *trou*bler notre *com*bat

Pierre Corneille, *Horace*

Parmi les combats osés :
Le Troyen com*b*attait contre *T*urne

Joachim du Bellay, *Les Regrets*

Compter

Dans le foin, la bergère assise
***Com*pte les *points* de sa dentelle**

Marteau, *Royaumes*

Et le berger reste au fond dans le coin.

Il faut *compter* avec un *sot* plus qu'on ne pense

Barbon de Nivernois, *Fables*

Petit jeu chanté de Jacques Charpentreau, qui se souvient du temps des comptines (*La Danse*) :

Je *comptais* les *temps*, un deux trois, un deux,
Les *temps* bien *comptés* font les gens heureux

Cela se retrouve chez divers auteurs :

Que m'importaient des *temps* où je ne *comptais* pas

Alfred de Vigny, *La Prison*

La dame au *temps compté* et sa caisse de bois

Claude Roy, *Le Poète mineur*

Ce poète chineur voit sans doute des caisses à fouiller (voir ce verbe).

Autre façon de *compter le temps* :

Un coucou qui s'était logé dedans et qui *comptait* les *heures*

Lise Deharme, *Le Pot de mousse*

C'est cela qui est le faux calcul et le *faux compte*

Charles Péguy, *Le Porche du mystère*

Faute de calcul, pas étonnant de se faire rembarrer !

Compteur

S'il n'avait entendu son *compteur* à la *fin*

Jean de La Fontaine, *Fables*

Comte

Rodrigue, au moment où il voit le comte près :
À moi, *com*te, deux *mots*

Pierre Corneille, *Le Cid*

(On sait que cette réplique annonce les larmes de Chimène.)

Concert

Les accents du bonheur, les *saints con*certs des anges

Alphonse de Lamartine, *L'Homme*

La jeune Élisa Mercœur, dans son poème *À M. de Chateaubriand*, célébrait ce mâle organe qui :
Dans les temps d'infortune a trou*v*é des con*c*erts

Concevoir

Je ne l'ai pas *c*on*ç*ue

Jean Rousselot, *Le Cœur bronzé*

Ce qui rappelle le fameux vers d'art d'Arvers :
Un amour éternel *en* un moment/ *c*on*ç*u

Il n'est pas toujours aisé de *concevoir*; par exemple dans cette *Élégie* de Marot :
Qui eût pensé que l'on pût *con*ce*voir*

Ou cette déclaration de Pollux dans *Médée* de Corneille :

J'ai de l'horreur moi-même, et ne puis *concevoir*

Confesser

Une concentration de syllabes malsonnantes, ce qui ne va pas sans risque. Chez Racine, dans la bouche de Bajazet :

Je ne m'en défends point, ma *bouche* **le con***fesse*

Dans *Romances sans paroles,* Verlaine s'apitoie sur cette sorte de pécheur (il doit être dans le lot) :

Qui se sait *damné* **s'il n'est con***fessé*

Confondre

Les *Mores* **se** *con***fondent**

Pierre Corneille, *Le Cid*

On voit les camps brûler, et des morts confondus.

Mais va, et conf*onds* **t***out*

Dorat, *Les Baisers*

(On peut y voir d'autres permutations plus complexes, avec les sons à côté.)

Confus

Tristan L'Hermite (*La Lyre*) a traité le thème antique de « la belle matineuse » vêtue de ses seuls attraits :

Le Soleil s'arrêtant devant cette Beauté

Se **trouva**/ *tout con***fus**

Ce qui peut conduire à l'histoire de *Foncoutu* et *Coutufon*, malicieusement développée par Crébillon.

Connaître

Tu ne *con***nais donc pas ta** *force*

Victor Hugo, *Les Quatre Vents de l'esprit*

Premier vers de la *Satire* de Régnier consacrée à Macette, femme douteuse :

La fameuse Macette, à la C*our* **si c***on***nue**

Conquête

Je veux bien te c*é***der cette illustre c***on***quête**

Jean Racine, *Alexandre le Grand*

Qu'il br*i***se pour jamais dans sa noble c***on***quête**

André Chénier, *Odes*

Est-ce une raison pour abhorrer ces odes ?…

Du *Menteur* de Corneille, cette réplique de Clarice à l'inconstante Lucrèce, où il s'agit de bien lire pour faire rimer :

M'en voilà bientôt quitte, et toi, te voilà prête
À t'enrichir bientôt d'une étrange c*on*quête

Avec Victor Hugo, on ne quitte pas les conquêtes :
Jou*is* en paix de ta c*on*quête

Les Orientales

Tu mets comme un guerrier le pi*ed* sur ta c*on*quête

Ode à la Colonne

Consentir

À propos de ce mot suspect, on s'en tiendra à Corneille, dans *Rodogune* :

Il est à l'un de nous, si l'autre/le con*sent*

Cela fait un calembour, dont l'effet est aggravé par glissement d'une syllabe ; ou de deux syllabes dans cette question de *Don Sanche* :

*Le con***sens-tu/?**

À ce personnage sans façon, l'amoureuse Isabelle s'adresse en ces termes :

Partez, je/le con*sens*

(Pourquoi ne pas le consentir si elle l'avait conçu ?)

Que je ne puis du *tout con*sentir à ma honte

Le Cid

Certains cas ne supportent pas la honte.

Content

Autrefois ignoré, mais *con*tent de son *sort*

Alfred de Musset, *Le Saule*

Contenter

Moi je suis d'une humeur que tout/peut *con*tenter

Desmarets de Saint-Sorlin, *Le Visionnaire*

Quelquefois je me plains de ce/qui me *con*tente

Honoré d'Urfé, *Sonnet*

Conter

De *con*ter tous vos *faits* on ne viendrait à bout

Angot de L'Esperonnière, *Les Exercices de ce Temps*

Le *vent* nous *con*te sa jeunesse

Saint-John Perse, *Exils*

Le valet Pasquin à la suivante Nérine dans *L'École des pères* de Piron :

Que je te *con*te un *trait*!

Convier

Il a le *temps*, qu'un grand amour toujours *con*vie

Jules Laforgue

Ainsi profite-t-on du temps qu'on vit.

Coquette

La coquette sert souvent chez les poètes :
Une c*o*quette est un t*y*ran qui veut tout asservir
Jean-François Marmontel, *Contes moraux*

Dans *L'École des Femmes* de Molière, Arnolphe enseigne à Agnès les principes de la vertu matrimoniale :
Si votre âme les suit et fuit d'*ê*tre c*o*quette...
Aussi ne faut-il pas, dit-il deux vers plus loin, qu'« **elle fasse *f*aux *b*ond** ». En cette matière, on sait combien ces jeunes filles pratiquent l'école.

Titre d'une comédie de Dufresny :
La C*o*quette de v*i*llage

Et de Quinault :
M*è*re C*o*quette

Corps

Dans un poème d'amour de J. Lacomblez :
Je rem*ue* dans ton c*orps*

Cou

Sur ton c*ou* large et r*ond*
Charles Baudelaire, *Le Beau Navire*

Et les r*on*ces ont plu au c*ou* des jeunes filles

Francis Jammes, *Le Deuil des Primevères*

On a l'impression de voir souffrir des gosses.

Le c*ou* tend*u*, l'œil fixe, et le cœur palpitant

Voltaire, *L'Éducation d'une fille*

Le c*ou* tend*u* vers le bas

Roger Caillois, *Le Château*

On considère le bas du cou !

Chez La Fontaine, cette bête piquante :
Puis prend son temps, f*ond* sur le c*ou*

Coucher

Dans ta *ta*ille indolente et mollement *cou*chée

Alfred de Vigny, *La Maison du Berger*

Nous avons tant cou*ché* dans la pa*ille*

Charles Péguy, *La Tapisserie*

(On pense à une couche pour les bœufs.)

Telle y *cou*chait sa *fi*lle

Paul-Jean Toulet, *Les Contrerimes*

***Cou*chez-vous sur le *lit*, je prévois bien votre heure**

Angot de L'Esperonnière, *Lucine*

Cela va se terminer par un bond sur la couche !

On se *cou*che dans les grands *lits* si*l*encieux
André Dumas, *Paysages*

Coup

Des assassins *tr*op lents il veut hâter les *c*oups
Voltaire, *La Henriade*

Le récit se poursuit par ce vers :
À travers ses soldats, il *cou*rt d'un *pas* rapide

Dans *Cinna* de Corneille, le héros est rongé de remords :
On ne les sent aussi que quand le *c*oup a*pp*roche

Toujours à propos des aléas des rencontres, La Fontaine associe dans un vers d'*Adonis* les deux permutations précédentes, avec une troisième signalée ici :
Vos e*ffort*s sont trop *lents*, déjà le coup approche
(Ces gens d'armes attrapent souvent des coups aux tripes.)

Ces princes ont tous d*eux* si bien senti vos c*oups*
Molière, *Psyché*

Coupe

Zim, furieux, b*r*isa la c/oupe contre terre
Victor Hugo, *La Légende des siècles*

Couper

Dans cette fable de La Fontaine, *Le Philosophe scythe* :

Cou*pe* et ta*ille* à toute heure

Tel est le bord des Scythes !

Cour

Enfin bâ*ill*a la Cou*r*

Jacques Audiberti, *Race des hommes*

Ou bien : « **b*âill*a la C*our*** » ?

Courage

Ton *c*ourage était *b*on, ton devoir l'a trahi

Pierre Corneille, *Polyeucte*

Toujours le conflit de l'amour et du devoir ; aussi faut-il se forcer au courage :

F*orc*ez ce grand c*our*age

Pierre Corneille, *Don Sanche*

Toujours chez Corneille, où l'on prend part aux grandeurs, dans *Mélite* :

Accordez votre *b*ouche avec votre *c*ourage

(En même temps, dans ces luttes de mérite : on **a*c*corde la *b*ouche.**)

Et me débattre encor bien qu'à *b*out de *c*ourage

Marie Noël, *Les Heures*

Vous êtes le seul *b*ut où vise mon *c*ourage

Pierre de Ronsard, *Les Amours*

Courir

On me *c*ourt, je suis *b*on, comment faire ?

Thomas Corneille, *La Comtesse d'Orgueil*

Deux permutations possibles dans ce vers de Regnard touchant *Le Distrait* :

Le *b*on est qu'en *c*ourant il a perdu sa *b*otte

(Encore une botte qui se tire !)

Comme elle *c*ourt, la jeune *f*ille !

Victor Hugo, *Les Orientales*

C'est furieux comme elle court…

On connaît d'*Hernani*, du même poète, cette déclaration : *Je suis une force qui va* (contrepèterie anodine)…

Intelligent, qui *c*ourt droit au *b*ut qu'il rêva

Course

Les *c*ourses sans fin et sans *b*ut

Ce vers de Philippe Soupault est tiré de : *La vie et le vent, le vent et la vie* (comment doit-on l'entendre ?)

Va ! son *b*ut est beau, sa *c*ourse est certaine

Charles Morice, *Noa Noa*

Cri

Victor Hugo achève *L'Année terrible* sur :
Un v*ain* cr*i*
C'est d'ailleurs ce qui définit l'écrivain…

De leurs *cr*is douloureux les *v*oûtes retentissent
Voltaire, L*a Mort de César*

Cuistre

Pour mener tout ce train de *cuis*tres *fous*
Paul Verlaine, *Amour*

Aussi est-ce un train fou.

Cythérée

Hébé n'y vieillit point, la belle Cyth*ér*ée
Parny, *Les Paradis*

Si elle se sauve, on doit pouvoir la faire retenir.

D

Dalle

Les lunes meu*rent* en polissant leurs da*lles*

Victor Segalen, *Stèles*

Leconte de Lisle montre *La Mort de Sigurd,* « le Germain au poil blond » :

Son beau *co*rps sur la *da*lle est couché, roide et long

L'on observe aussi *un sang gluant.*

Déceler

Heureux si je pouvais, avant que m'immoler,
Percer le traître cœur qui m'a *pu dé*celer

Jean Racine, *Mithridate*

Déçu

Comme la *f*emme *d*éçue qui prend le premier venu

Malcolm de Chazal

Délice

Le printemps promettait les plus *belles* **dé***lices*

André Gide, *Août*

Ce sont bien sûr délices les plus chères.

Dent

Charles Péguy chante *Sainte Geneviève* :

Sous la *d***ent qui la** *m***ord**

Un autre mordu à tort (ces tordus font martyrs) dans *La Légende des siècles* où Victor Hugo décrit Daniel :

Entre ses d*ents* **barb***ares*

(On connaît bien cette histoire de fosse aux lions.)

Déplorer

In*f***ortunés tous deux, dignes qu'on vous dé***p***lore !**

Jean Racine, *La Thébaïde*

Dépouiller

Dans les *Géorgiques* de Malfilâtre, *les nombreux troupeaux...*

En bondissant, dé*p***ouillent les** *c***oteaux**

Descendre

Il ne craint pas que l'on l'élève, ou mette
En si haut lieu, puis que *bas* il de*sc*ende

Ce triste débat sur une chute est dû à Maurice Scève (*Églogue*), à qui il arrivait de rimer sans laideur.

Deux

Cette expression louche de *deux côtés* se remarque dans ces *Stances* d'Agrippa d'Aubigné :

Branler les *de*ux *c*ôtés

(« **Les d*eux* c*ô*tés** » est sans doute moins probable.)

Et qu'il n'empêche pas les *deux mers* de s'unir

Pierre Corneille, *Médée*

Même expression chez Maynard, *La Belle Vieille* (sur elle la Vierge veille) :

J'ai montré ma blessure aux *deux mers* d'Italie

Dévider

À la fin de *De profondis clamavi*, cette image baudelairienne :

Tant l'écheveau du *temps* lentement se dé*vi*de

Devoir

Le Prince de *Clitandre* de Corneille :
Est-ce là le respect que tu *dois* à mon *rang*?

Dieu

Pendant qu'ils n'adoraient que le *D*ieu de leurs *p*ères
Jean Racine, *Esther*

Allusion au fait de la grâce ?

Au lieu de *p*enser à nos *d*ieux
Théophile de Viau, *Stances*

Sous le *p*oids formidable des *d*ieux
Victor Hugo, *Dieu*

Je n'attends pas un *d*ieu plus *p*ur
est un vers de *Jours pétrifiés* de Jean Tardieu (qui a connu Dieu tard). Finalement, tout peut se passer au mieux, mais les plus purs séduisent aussi.

Dîner

L'heure de *d*îner *p*resse, et nous incommodons
Celle qu'en nos discours ici nous retardons
Pierre Corneille, *La Suivante*

Dommage

Évocation des soudards de France à l'époque de Louis XII :

Qui en *Fr*ance portent un grand *d*ommage

Pierre Gringore, *Chant royal*

Don

Elle voulut au *r*oi faire un *d*on

Jean de La Fontaine

Il n'est d*on* que de r*oi*, ni baiser que de reine

Victor Hugo, *La Légende des siècles*

Et d'élection que royale…

Dos

L'on dirait
Que chaque homme a son *p*oids sur le *d*os

déclare Jules Supervielle dans *Pouvoir des mots* (si !).

Même usage signalé par Victor Hugo dans *Toute la Lyre* :

Le nain se sent un *p*oids sur le *d*os

C'est peut-être le dos du costard ?

Mais sentant le souci qui me *p*resse le *d*os

Joachim du Bellay, *Les Regrets*

Douter

Elles parlent de leur *f*oi à ceux qui *d*outent

Philippe Soupault, *Odes*

Doux

Dans *Les Rayons et les Ombres*, Hugo parle ainsi du poète :

Homme il est *d*oux comme une *f*emme

Le même auteur évoque dans *Les Voix intérieures* :

Ce que la *f*emme a de plus *d*oux

Mais quoi de plus doux qu'un fard ?

Au féminin, ce curieux vers de Ronsard :

Me tiennent loin de ma *d*ouce *gu*errière

Droit

***Dr*oits si bien *d*us à nos appas**

Alexis Piron, *Rosine*

Dans *Le Temple de Gnide* (« **au** *sein* **d'une** *con***trée** »), Colardeau voit Vénus :

Elle ét/eint tous les d*r*oits

Bref, on ne distingue plus les droits du tout.

É

Ébranler

Quelque filet qu'on *tire*,
Rien ne peut vous é*branl*er

Lattaignant, *Les Pantins*

C'est une louche affaire de pantins à brûler.

Échine

Une métaphore audacieuse de Jean-Claude Valin, *Arrhes poétiques* :

Assis, ma conscience me p*èse* sur l'éch*ine*

Ça se place sur la nuque ?

Écu

Ne parlez ni de *moi* ni de ces dix é*cus*

Claude d'Esternod, *Satire*

Écume

Abîme murmurant sous l'écu*me* des mots/

Paul Chamberland, *Terre Québec*

Effet

Le peuple, qui voit tout seulement par l'écorce,
S'attache à son eff*et* pour juger de sa f*or*ce

Pierre Corneille, *Horace*

On recommande la fouille dans l'écorce.

Emmancher

La Fontaine présente *Le Bûcheron* à l'œuvre :
Il em*manch*e son *fer*
Il faut cela pour un coup dans le tronc.

Émotion

Pourquoi tant d'ém*o*tion devant l'*i*mage?

Michel Deguy, *Biefs*

Enferrer

Je vois bien que l'am*ou*r plus durement enf*e*rre

Dans ce poème des *Amours* de Christofle de Beaujeu, il s'agit de la jeune mère qui « **sent*it* les mêmes p*ei*nes** ».

Ennui

Dans *L'Allée de Silvie*, poème de Jean-Jacques Rousseau (qui n'a pas toujours boudé le genre) :

Alors les en*nuis* de la *vie*
Chassent l'aimable volupté

Envi

Et les cœurs à *l'en*vi se jetant dans *vos* fers

Pierre Corneille, *Poèmes*

Des renommés vieux poètes galliques
Allaient chantant à l'env*i* maints beaux v*ers*

Clément Marot, *Complainte*

Envie

De dormir le matin n'ayant *au*cune *en*vie

Jean-François Regnard, *Les Folies amoureuses*

Envier

Excusez un amant que trouble sa misère,
Qui tout prêt d'être heureux en*vie* encor le *sort*

Jean Racine, *Andromaque*

Épée

Vous êtes de l'humeur de ces amis *d'*é*p*ée
Que l'on trouve toujours plus prompts à dégainer

Molière, *L'Étourdi*

On ne s'imagine pas qu'ils encensent les reculades !

Éperon

Donner pour astre à des armées
L'é*t*oile de vos é*pe*rons

Victor Hugo, *Napoléon II*

(On prononce sans façon *éperon* comme *prompt*, et on se contentera de six syllabes...)

Épi

Disposez sur ses joues ma *lam*pe et mes é*pis*

René Char, *La Faux relevée* (sic)

Cet usage de la lampe, ce n'est pas un peu gaillard ?

Elles tirent la *lu*ne et les é*pis*

Dans ce poème de Ronsard (*La Chasse démoniaque*), on note aussi « **qu'elles ont le c*œur* déç*u*** ».

Épine

Des épines pour/moi, vous les nommez des roses

Pierre Corneille, *L'Illusion comique*

Dans la même comédie, on trouve Isabelle en mauvaise posture :

Ah ! que je me trouvais sur d'é*tranges* é*pines*!

Se trouvant là, elle ne pouvait pas s'asseoir…

Dans *Milly* de Lamartine, thème classique des bergeries (où l'on abuse des moutons) :

Broute en laissant sa *lai*ne en tribut aux é*pi*nes

Et du même poète, cette évocation romantique tirée des *Fleurs* :

D'é*pin*euses *fleurs*

Encore un air fort piquant !

À propos des piqûres, justement, on se souviendra des ris et des peines chantés par le jeune Ronsard (*Les Amours*) :

Quand j'aperçois la *rose* sur l'é*pine*

D'un savant diplomate (qui a loué les pères de la Chine) :

Ils sont l'é*pine* à votre *chair*

Saint-John Perse, *Vents*

(ou encore : « **l'é*pi*ne à votre *ch*air** ».)

Je ne *crains* **pas les é***pines*

Paul Valéry, *Aurore*

C'est ton saint corps sous l'é*pine* **et la** *lance*

Sainte-Beuve, *Sonnet de sainte Thérèse*

On devine que la petite Thérèse connaissait bien la Bible (« **Que Sainte-B***euve* **l'abr***ite* **!** », suggérait *L'Art du contrepet.*)

Époux

Mais vous n'auriez pas joint à ce ti*tre* **d'é***p***oux**
Tous ces gages d'amour qu'elle a re*ç***us de** *v***ous**

Jean Racine, *Bajazet*

(C'est l'histoire du héros entre deux belles désirant l'épouser.)

Essaim

Tu vois en ce temps nouveau
L'e*ssaim beau*

Rémi Belleau, *Avril*

Été

Avec ce poème en français (*Vergers*), Rainer Maria Rilke pousse sa quête dans le ton :

Le *ch***ant de l'é***té*

Étendard

Dans *Bajazet*, la terrible Roxane « montre au peuple épouvanté »…

L'é*tendard* redouté

où l'inversion de syllabes est à redouter – comme ce dur étendard dont elle l'épouvante.

Étoile

Tant d'autres nuits sous l'é*t*oile *p*assées

Alphonse de lamartine, *Le Désert*

F

Face

Au jour du jugement, ils l*è*veront la f*a*ce

Agrippa d'Aubigné, *Les Tragiques*

Qu'ils ne fussent vaincus si tu tourn*ais* la f*a*ce

Pierre de Ronsard, *Sonnets pour Hélène*

L'autre blâm*ait* la f*a*ce

Jean de La Fontaine

On voit souvent la face tourner au blême ; davantage encore la double face :

Ah ! t*ê*te à double f*a*ce !

Victor Hugo, *Cromwell*

Faire

On ne f*ait* plus l'am*our* comme on soulait aussi

Joachim du Bellay, *Les Regrets*

Ce « regret » se trouve plusieurs fois dans ce recueil :
Je ne f*ais* plus l'am*our* ni autre tel ouvrage
(Est-ce un ouvrage qui mérite d'être tenté ?)

Ah ! lâche, f*ais* l'am*our* et renonce à l'empire !

Demandant qu'on fête ses noces, l'amère Bérénice attaque ici cette grosse bête de Tite (il est trop bon pour la quitter).

Dans l'un des *Contes* de La Fontaine, des religieuses provoquent le jardinier Mazet :

Je suis d'avis qu'une f*a*sse le gu*et*

Dans *Ruy Blas*, de Victor Hugo, on ne voit pas le roi (encore des mythes abolis !) :

Et la reine f*ait* t*out* !

Du même visionnaire, dans *La Femme* (*Toute la Lyre*) :

Tout f*ait* T*out*

Fard

Dorimant vaut beaucoup, je vous le *d*is sans *f*ard

Pierre Corneille, *La Galerie du palais*

Que ce conseil a*d*roit, qui semble être sans *f*ard

Molière, *L'Étourdi*

Ces fards sont redoutables mais les fourbes bien connus…

Fausse

Chez Racine (*Phèdre*), ces mots équivoquant la traîtrise :
Elle vous par*aît* f*ausse*

Faveur

La *f*aveur du *C*iel
Cette curieuse expression est employée par exemple par La Fontaine, au sujet des *Deux Nymphes.*

Ou encore par Rémi Belleau, *Amours* :
Les beautés et les grâces belles
Du *C*iel empruntent la *f*aveur
Et que faire de la grâce des belles ?

Fer

Dans notre égalité nous chéri*ss*ons nos fe*rs*

Voltaire, *Mahomet*

Ô Rolla ! c'est ainsi que bondi*ss*ent tes fe*rs*

Alfred de Musset

Les potaches connaissent les *pièces du fond*; il y a aussi les *pièces de fer* :
Le temps qui frappe ses *p*ièces de *f*er

André Frénaud, *Source entière*

Il faut que le temps soit gâté (sans doute des avis de tempête)…

Cessez d'appréhender de voir rougir mes mains
Du p_oids_ **honteux des f**_er_**s ou du sang des Romains**

Pierre Corneille, *Horace*

Du même Corneille, ce passage de *Médée* :
Ce_ss_**ez, indignes fe**_rs_

Feston

André Chénier (*Élégie*) fait admirer :
La _feuille_ **en** _fes_**tons**

Dans *Athalie* de Racine, on devine un grand luxe dans la scène :
Ces _fes_**tons dans vos mains et ces fleurs sur vos** _têt_**es**
Autrefois convenaient à nos pompeuses fêtes
Nul doute qu'on se pressait à ces fêtes.

Fête

Parmi ceux qui se lamentent dans les fêtes, Alain Bosquet (*Refrain*) :
Comme une fê_te_
Pour une absen_ce_

Victor Hugo (*Toute la Lyre*) donne la parole au *Prince Fainéant*, qui râle sur son pouf :
Tout me lasse,
Fê_te_**, cha**_sse_

De Thomas Corneille, *Le Geôlier de lui-même* :
Sais-tu bien qu'aujourd'hui l'on commen*ce* la fê*te*?

Vers de *Wanda* (fameux nom de la Russe) d'Alfred de Vigny :
Un jour de *fê*te, on a demandé cette *grâ*ce

Fêter

Dans *La Poésie* d'André Chénier, on voit la Muse aux prises avec les Satyres :
Ils la f*ê*tent, ils l'ent*ou*rent
Ce n'est pas très malin pour lui faire la cour !

Feu

Dans *Les Tragiques,* Agrippa d'Aubigné en appelle à la colère divine :
***Co*urez, *f*eux éternels**

Quelques traits chez Corneille (qui ne versent pas dans le tragique) :
Me prenez-vous pour homme à *n*uire à votre *f*eu ?
L'Illusion comique

Dis ce que tu voudras, nos *f*eux n'ont point de *c*rimes
Mélite

À présent Dieu nous aime, on y *co*urt comme au *f*eu
La Galerie du palais

Un poète vante toujours quelque feu :
Ce sont des *f*eux de *l*iesse

Isaac Habert

Un *f*eu *n*é pour s'étendre au gré de la raison
Cardinal de Bernis, *Sur l'amour de la patrie*

Son plus beau *f*eu reçut le *n*om de la beauté
Alfred de Vigny, *Héléna*

Une vision de Lamartine (*À M. de Musset*) :
Et que j'y vois surgir ses *f*eux sur les *c*oteaux
Où ces feux vont-ils se nicher !

Titre de Max Jacob, dans *Le cornet à dés* (on reconnaît son art aux dés) :
Le *C*oup de *f*eu

Feuille

La dextérité de la couturière est chantée par les vers de René Depestre (*La Machine Singer*) :
Elle *cou*sait même des *feu*illes
Elle les coud sur le fond ?

Fille

Un rebut de l'Égypte, une *fi*lle *c*oureuse
De qui le noble emploi n'est qu'un métier de gueuse
Molière, *L'Étourdi*

Fils

Nous aurons à nos fils une page à l*ai*sser

Alfred de Musset, *Sur la naissance du comte de Paris*

Et c'est en effet là qu'il l*ai*ssa votre fils

Molière, *L'Étourdi*

Dans *Mithridate* de Racine, vers délicieux de la reine :
Si j'en croyais, Seigneur, les *v*œux de votre *fi*ls

Et de Charles Péguy, *Le Porche du mystère de la deuxième vertu* (c'est long et on ne peut pas le couper) :
Et avec ses outils ses fils h*é*riteront
Une occasion d'imiter les riches?

Fine

Peau d'Asne donc prend sa farine...
Pour rendre sa p*aste* plus f*ine*
Dans ce conte célèbre, la jeune fille ayant échappé à l'affection d'un père a trouvé un prince charmant de son goût. (On prononcera *paste* comme on veut.)

La payse d'un doigt léger
Pétrit la p*âte* f*ine*
C'est une recette d'André Theuriet : *La galette lorraine.* Il affirme encore qu'elle « **sent le *th*ym** ».

Des champs ingrats naissent les *p*ierres *f*ines
Racan, *Épithalame*

Certes, on préfère les champs gras (voir ce nom).

Auteur des *Pierres précieuses*, le bien nommé Rémi Belleau décrit toutes sortes de *pierres fines*; exemples :

Dans le feu cette p*ierre* f*ine*
Languit et perd son lustre beau

Une autre, avec un ton de saphir :

Témoin cette *p*ierre *f*ine
Ce saphir riche en couleur

Flanc

Plusieurs erreurs possibles dans ce vers de Baudelaire (*Les Métamorphoses du vampire*) :

Qu'une outre aux *f*lancs *g*luants, toute pleine de *p*us

Dans la tragédie de Racine, Phèdre raconte comment elle se servit des bêtes :

Je cherchais dans leurs *f*lancs ma raison é*g*arée
Hélas ! rien ne put l'apaiser ni la bercer.

L'écho des *g*rands soupirs arrachés à tes *f*lancs
Victor de Laprade, *Odes*

Quand le *g*rain élargi noircit ses *f*lancs massifs
Charles Nodier, *Le Vieux Marinier*

Et *gu*érir à ton *f*lanc la sombre plaie humaine

Victor Hugo, *La Fin de Satan*

Fleur

Et Dieu *s*errait ses *f*leurs dans les cavernes de la terre

Axel Toursky, *Les Armes promises*

Flot

Si vous *p*enchez sur les calmes *f*lots

Jules Supervielle, *Marines*

Quand, regardant ces *f*lots, tu *p*enches, noir génie

Victor Hugo, *Les Quatre Vents de l'esprit*

Ce n'est pas très original ; mais on pourra relever au passage ce ton de *génie noir.*

Flotter

Petit vers de Pierre Reverdy dans *Cœur de chêne* :

Une m*anche* qui fl*otte*

On trouve des manches pour les empotés ?

Ils fl*ott*ent sous la m*er* et leurs amours sont noirs

Jean-Claude Renard, *Haute Mer*

Foi

En faut-il plus encor ? je re*n*once à ma *f*oi

Pierre Corneille, *Horace*

Une façon de dénoncer un feu ?

Dans l'intimité de *Phèdre* de Racine :
Le d*on* de notre f*oi* ne dépend de personne

Foison

Jean Tardieu, dans *Monsieur monsieur*, se sent étouffé par des fleurs :
L'é*t*é à *f*oison

Fond

Les *f*onds sont ra*d*és

Eugène Guillevic, *Conscience*

Un fond curieux vu dans *Les Amours* de Tristan L'Hermite :
Est au *f*ond du cer*cu*eil ainsi qu'une autre femme

Philippe Delaveau fait parler *La Reine Mab* :
Dans le *f*ond, soyons juste, me *c*oûterait-il ?

Et André Chénier s'indigne dans ses *Épîtres* :
Plonge au *f*ond des *c*achots la vertu redoutable
Mieux vaut ne pas se crotter à ces fonds-là !

Tel le soleil qui roule au *f*ond de *q*uille en *q*uille

Jacques Réda, *Hors les murs*

De quoi mettre des feux aux quilles… Admettra-t-on le doublement de l'erreur sur *quille*?

Ou, pire encore, le grossier lapsus dans ce vers de *La Galerie du palais* de Corneille ? :

Et pour mieux te montrer le f*ond* de mon c*ourage*

Fosse

Titre d'un poème de Mallarmé, évoquant une Américaine anonyme :

Sa f*o*sse était f*e*rmée

Quant à Hugo, il évoque dans *Les Châtiments* ce qui se ramène des fosses :

Il se mêle à l'encens une vapeur qui sort
Des f*o*sses mal f*e*rmées

De telles fosses, c'est terrible !

Foudre

Mais d'aller à ces batailles
Où *t*onnent des fou*d*res d'enfer

François de Malherbe, *Ode à la Reine*

Sur ce modèle, Baudelaire montre *Le Cygne* sans défense :

Quand *t*onneras-tu, fou*d*re ?

Foudre était jadis masculin :

Et que son fou*d*re même il ne puisse évi*t*er

Hesteau de Nuysement

Dans *Le Légataire universel* de Regnard, on surprend la servante Lisette à conspirer :

Faut-il nous voir tous *t*rois
Comme d'un coup de fou*d*re écraser à la fois ?

Fouiller

Je m'entête à *f*ouiller ces *c*aisses

Philippe Jaccottet

Foule

Il te *m*et dans la *f*oule ainsi qu'un misérable

Molière, *Les Femmes Savantes*

(Ne méprisons pas les ferveurs des Savantes.)

Du *m*al en masse et du bien en *f*oule

Paul Verlaine, *Romances sans paroles*

Et, comme Victor Hugo (*Cromwell*), on voit la foule en masse :

Il sait plaire à la f*oule* et remuer les m*asses*

Ce grand poète, qui a souvent déploré les foules, évoque ici et là **la dé*m*ence des *f*oules**, ou **la f***oule* **dém***ente*…

Dans *Les Contemplations*, on lit aussi :

La *f*oule raillait leur dé*m*ence

Fouler

Ne f*oul*e pas les m*orts* d'un pied indifférent

Victor Hugo, *Odes et Ballades*

Dans une *Ballade* de même source, le héros « **dép***ouille* **les c***amps* ».

Chez Colardeau (*Lettre amoureuse d'Héloïse*), c'est à nouveau le pied :

Ils fou*l*eront au pied et l'amou*r* et la gloire

Frapper

C'est là, devant ce mur où j'ai *frapp*é ma *tête*

Alfred de Musset, *Lettre à M. de Lamartine*

Front

Je me cacherai le f*r*ont
Derrière une *h*aie

Marie Noël, *Attente*

Dans l'attente, cette demoiselle craint-elle la défection ?

Deux touffes latérales
Se collent sur le *f*ront en moqueuses spirales
Charles Cros, *Le Coffret de santal*

Regardant, en collant leurs *f*ronts las aux vitrines
François Coppée, *Les Humbles*

C'est quelque chose qui choque au fond.

Fuir

Le Satyre de Victor Hugo raconte la dégradation de l'homme : « Il déchoit; plus de femme, il n'a qu'une femelle », ce qui se résume ainsi :

L'homme f*uit* dans les tr*ous*

Fuite

De *Sganarelle* de Molière, ce vers – qui n'est pas des meilleurs :

Et sa *f*uite a trompé mon désir curieux

Il faut préciser que la femme de Sganarelle se plaint de « l'étrange froideur » de ce fameux buveur qui s'enfuit depuis qu'elle l'a épousé…

Fût

De Robert de Montesquiou, *Les Hortensias bleus,* cette bizarre histoire de tronc de cône :

Ce *c*ône a Dieu pour *f*ût

G

Gant

S'assoup*l*ir comme on g/ant autour des jeunes filles

Alfred de Musset, *À quoi rêvent les jeunes filles*

(Encore heureux qu'elles ne voient pas le gant plisser !)

Garde

Mais le roi vient, je vois entrer *s*es gar*des*

Pierre Corneille, *Horace*

L'amour de ses sujets est une *s*ûre gar*de*

Rotrou, *Antigone*

Partout nous guidera
Dessous sa gar*de* *s*ûre

Jean-Antoine de Baïf, *Psaume*

Ici, ce sont des idoles qui servent pour guider.

Gâter

Cela gâte la taille, et furieusement

Jean-François Regnard, *Le Légataire universel*

Gîte

Dans une auberge, un soir le bon apôtre
Prit gîte, but, puis se déshabilla

Lebrun-Pindare, *Anecdotes*

Ponce-Denis Le Brun-Écouchard, dit Écouchard-Lebrun, a été surnommé *Lebrun-Pindare* : c'est tellement plus commode, et équivoque – un sacré nom à queue !

Glaive

Le glaive nu des chefs guidant les rangs dociles

Victor Hugo, *Odes et Ballades*

Il y a beaucoup de *glaives* dans les *rangs*, c'est entendu. Faut-il signaler, au passage, que ce sont ces soldats « **qui passaient dans les villes** » ?

Selon Ronsard, dans son *Institution* destinée à Charles IX, la vertu ne peut :

Procéder ni de sang, ni de glaive

Remarquables à plusieurs titres, ces vers de Verlaine (*Jadis et Naguère*) :

Au combat, au combat ! car notre s*ang* qui bout
A besoin de fumer sur la pointe des gl*aives*
Sans trop s'attarder sur « *Au combat !* », on aura retenu le « *sang qui bout* » évoqué ailleurs (voir ce verbe.)

Glas

À battants l*ents*, comme des gl*as*

Verhaeren, *Les Pêcheurs*

Notons qu'il s'agit de glas de tempêtes...

Redoutable hexamètre parmi les choses pieuses de Marie Noël :
Le v*ent* geint, un gl*as* sonne
À la fin du poème (*Chuchotements*), quand le mari rentre, il trouve « **la f*l*amme assoup*l*ie** ».

Globe

Tel qu'un *gl*obe enflammé s'élever dans le*s* airs

Théodore Desorgues, *Les Transtévérins*

Gond

André Chénier, toujours sinistre, dans ses *Élégies* :
J'entends *cr*ier les *go*nds

Gosse

Chut !... Non. C'est la Fraulein qui va c*ou*cher les g*o*sses

Paul Géraldy, *Les Petites Âmes*

Grand

Comme une troupe de g*r*ands aig*l*es

Victor Hugo, *Les Rayons et les Ombres*

On n'approcherait pas le nid de ces bêtes.

Il ne se passe rien, il y a un g*r*and si*l*ence,
On entend tout juste son cœur qui bat

Georges Ribemont-Dessaignes, *Le Règne végétal*

***L*'homme accuse les g*r*ands, la femme les désire**

Angot de L'Esperonnière, *Les Exercices de ce Temps*

Grec

Ouïr confusément, tout près de mon oreille
Les *m*ots g*r*ecs

Victor Hugo, *Les Rayons et les Ombres*

Ces poètes sont gens à l'ouïr.

Dans sa veine où le *s*ang g*r*ec s'irrite

José Maria de Heredia, *Les Trophées*

Grèce

Dans *Les Chants du crépuscule*, Victor Hugo nous offre :

Quelque *f*emme de *Gr*èce

Ce n'est donc pas la Grèce historique.

Contrairement à Racine, *Andromaque* :

Toute la *Gr*èce éclate en murmures con*f*us

Du même auteur, dans *Iphigénie*, l'impitoyable Ulysse annonce le supplice :

Songez-y : vous devez votre f*ille* à la Gr*èce*

Grotte

Dans *Les Déguisements de Vénus* de Parny, on voit le berger Myrtis :

***C*aché dans une *g*rotte humide**

Guerre

Le Parthe a décampé, *p*ressé par d'autres *gu*erres

Pierre Corneille, *Rodogune*

Guetter

Dans les cités en ruine où *gu*ettent des *t*erriers

Annie Salager, *Histoire pour le jour*

On les voit bien guetter en louchant.

H

Habile

Variation culottée sur la belle et la bête, dans *L'École des femmes* de Molière :

Mais une femme habi*le* est bien une autre bê*te*

Habit

Les ha*bits* sont *men*teurs

Cette remarque de *La Suite du Menteur* de Corneille rappelle qu'il faut savoir distinguer les hommes des habits.

Je ne me trompe point, je me tâte et retâte,
Et sous d'autres ha*bits* je sens la même *pâ*te

Thomas Corneille, *Le Geôlier de soi-même*

Il faut que leur ha*bit* vaille mieux que leur *ren*te

Claude Garnier, *Satire*

Vous n'êtes pas honteux ? L'habit/ du com*te*!

Victor Hugo, *Ruy Blas*

Dans un récit pathétique : *Les Amants de Montmorency*, Alfred de Vigny rapporte ce mouvement de passion :
L'a*rrê***tait par l'ha***bit* **pour l'embrasser**
(Il s'agit bien sûr de l'habit de l'Amante.)

Habitant

Salut ! Venez à moi de l'Olympe ha*bit***antes**
*Mus***es !**

André Chénier, *Bucoliques*

L'ha*bit***ant de ma** *bouche*

Radovan Ivsic, *Le Puits dans la Tour*

Habiter

Des poètes qui débitent sur la lyre :
L'oubli puissant ha*bite* **sur ta** *bouche*

Charles Baudelaire, *Le Léthé*

On ha*bit***ait les** *femm***es maintenant**

H. Heurtebise, *Avec la lenteur*

Elle ha*bit***a cette basse** *vall***ée**
Pour retirer nature maculée

Clément Marot, *La Queste de ferme amour*

Ce n'est pas seulement ta *force* **qui l'ha***bite*

Éluard, *Chanson complète*

Sous l'écorce, dans le feuillage,
L'Enchanteur ha*bite trois***!**

Jean-Claude Renard, *Fable*

Il faut des bois bien fournis.

Chez les Classiques, souvent on *habite les bords* : par exemple, dans la tragédie de Racine, Phèdre impose son cri au jeune Hippolyte :

Aux b*ords* **que j'hab***it***ais je n'ai pu vous souffrir**

(Elle devra souffrir davantage si elle l'avoue).

Même sentiment chez les Romantiques qui habitent sur des rives :

Au seul jour où je vis, au seul b*ord* **que j'hab***ite*

Alphonse de lamartine, *Philosophie*

Souvent la couleuvre ha*bite*
Dessous une belle *fleur*

Joachim du Bellay, *Villanelle*

On se défie des serpents sur la mine.

Je ne veux rien savoir
D'une *tête* **ha***bit***ée**

Jules Supervielle, *Le Chien*

Il nous conduit aux monts où les *Mu***ses ha***bit***ent**

Olivier de Magny, *L'Hymne de Bacchus*

Ces monts sont faciles à compter !

En toi ha*bite* désormais
Des *Muses* le collège

Pierre de Ronsard, *Odes*

Homme

Il faut fuir dans les *b*ois et renoncer aux ho*mmes*

Jean-François Regnard, *Le Distrait*

J'évite également l'a*b*ord de tous les ho*mmes*

Racan, *Églogue*

Ami de Racan, Malherbe (*Ode*) a parlé pour sa part de bons hommes :

Ô toi qui du rang des ho*mmes*
T'exceptes par ta *b*onté

Robert Sabatier, dans *Les Poisons délectables* (ce ne sont point ces poisons qui tuent ?) :

En un seul corps, deux ho*mmes* se *b*attaient

Attrapé dans les *Poèmes* de Jean Wahl :

La *b*ouche des ho*mmes*

Parmi ceux qui ont des mythes à la bouche :

L'espoir aux *b*ouches des ho*mmes*

François de Malherbe, *Ode à la Reine*

(La reine est abonnée aux odes.)

Voltige, nom ailé, sur les *b*ouches des ho*mmes*

Victor Hugo, *Les Voix intérieures*

Du même poète, dans *La Légende des siècles,* Mahomet s'écrie :

L'ho*mme* pa*sse* et s'écoule

Houille

De c*raie* dans un désert de *houille*

Pieyre de Mandiargues, *Astyanax*

De Michel Leiris (*Forêt*), qui s'y connaît dans nos fouilles, cette formule frappante :

Au *œ*ur des *h*ouilles
Ouille !

Houle

Dans *Haute Provence,* Jean-Jacques Celly propose cette aventure :

Sur la *h*oule des bru*mes*

I-J

Insu

À mon (ton, son) insu s'emploie à toute occasion ; un alexandrin de Rousseau :

Sinon contre mon gré, du moins à mo*n* insu

Jeter

On attire l'attention sur cette orthographe de La Fontaine (*Contes*), pour rendre compte de cet appel d'une épouse à l'émotion d'un mari :

Je ne suis pas à jetter à la r*ue*

Vers des *Orientales* de Victor Hugo :

Ces flottes trop connues
La mer les jette aux n*ues*

Joie

Faisons ce que tous d*eux* devraient faire avec j*oie*

Pierre Corneille, *Andromède*

Jonc

J'ai perdu ma *c*anne, très beau *j*onc

Victor Hugo, *Pierres*

Jouer

Conseil d'un « directeur de femmes » dans la *Satire 10* de Boileau :

Il vaut mieux s'occuper à *jou*er qu'à *méd*ire

Joug

Aux b*œufs* le j*oug*

Clément Marot, *Églogue*

Le bœuf n'aime pas le *j*oug que toutefois il *tr*aîne

Mathurin Régnier, *Élégie*

C'est comme on sait au cou des bœufs (voir ce mot.)

Jouter

Jean-François Sarazin (*Ode*) évoque *les Amadis* :

Et qui tant j*ou*tèrent jadis
F*u*rent-ils jamais sans infante ?

Juger

Mais voulez-vous, avan*t* ouïr, juger ?

Marguerite de Navarre (*Poésies*) l'a observé : hâté, on juge mal.

Jupe

Dans *Les Contemplations* (« Les Luttes et les Rêves » !), Victor Hugo évoque (rubrique *Luttes*) le destin de la fille pauvre :

Un peu de pain, un gîte, une ju*pe* de *t*oile

Encore faut-il avoir des gîtes à habiter !

Jus

Quand tu n'es pas là, je n'y suis
Pas non plus, et ce que je *c*uis
Dans mon *jus*

Paul Verlaine, *À la seule* (*sic*)

L

Labyrinthe

Toi qui p*ou*sses tels labyr*in*thes

Paul Valéry, *Ébauche d'un serpent*

Lâcher

Je ne veux pas l*es* l*â*cher

Paul Éluard, *Les Yeux fertiles*

Faut-il qu'on se laisse fâcher ?

Elle me lai*sse*. Or puisqu'ainsi me lâ*che*,
À votre avis ne la dois-je lâcher ?

Clément Marot, *Rondeaux*

Laide

Dans *Cromwell* de Victor Hugo, Trick le fou parle de dame Élisabeth :

Je m'en fais le ga*r*ant sans crainte ; elle est si *l*aide !

On apprend plus loin qu'elle n'aime pas « **le *n*om de *R*eine** ».

Lait

On connaît cette fille légère qui faisait sa liste avec son pot au lait :

Notre laitière ainsi troussée
Comptait déjà dans sa pensée
Tout le pr*ix* de son l*ait*

Ce personnage de La Fontaine avait un joli tas à compter, mais il faudrait d'abord qu'elle retrouve son lait.

Lame

Après l'abîme obscur qui me *c*achait sa *l*ame

Victor Hugo, *Les Feuilles d'automne*

Le poète observe l'abîme de la crête.

Lampe

Venez sous cette l*am*pe, am*ie* et près du feu

Anne Osmont, *Nocturne*

Leçon

Dans *Les Ménechmes* de Regnard, le prétendant reproche à Isabelle :

De/faire peu de cas *des* leçons d'un époux

Libre

Et laisser un *ch*amp *l*ibre aux vœux du damoiseau

Molière, *L'École des femmes*

Ainsi quand on vous *f*it a*bb*esse...
Que les *ch*amps *l*ibres on leur laisse

Jean de La Fontaine, *À Madame de Coucy*

Cela fait donc deux horreurs (hérétiques) dans ces vers adressés à l'amie du poète.

Admire comme elle vibre
Et comme une *l*ente *f*ibre

Paul Valéry, *Palme*

Lieu

Et donnez *lieu* d'agir aux bontés de mon p*ère*

Pierre Corneille, *Polyeucte*

Pour prude consommée en tous *l*ieux elle *p*asse

Molière, *Le Misanthrope*

Cette demoiselle n'admet pas qu'on fasse l'amante.

Lin

Je vous laisse mon cœur, et toute son histoire,
Et sa dou*c*œur de *l*in

Anna de Noailles, *L'Ombre des jours*

Elle devait cacher ses nylons.

Lion

Le fils de l'Homme *f*ils du *l*ion

Léopold Sédar Senghor, *Chant de l'initié*

Lit

Dormant sur un *l*it de pa*v*ots

Jean de La Fontaine, *Songe de Vaux*

Les *l*its cou*v*erts

Jean Follain

De quoi se coucher sans retard…

Sors de ce *l*it oiseux qui te tient attaché,
Et renonce au repos, ou bien à l'é*v*êché

Nicolas Boileau, *Le Lutrin*

Bien que la chose soit improbable, il serait piquant ici de se tromper (voir ce verbe.)

Qu'ils ne *v*issent mon *l*it d'Acaste possédé

Pierre Corneille, *La Veuve*

Qui te bercera dans ton *l*it mou*v*ant

Anatole Le Braz, *La Chanson de la Bretagne*

Il est question de vagues sur la berge.

Le jeune homme inconnu mollement s'appuyait
Sur ce *l*it de *v*apeurs qui sous ses bras fuyait

Alfred de Vigny, *Éloa*

C'est aussi un « **lit de vapeurs** ».

De Louise de Vilmorin, *Mouvements du cœur* :
Lit des ferveurs, lit du guerrier

Livre

Refrain d'une *Ballade* (savante) de La Fontaine :
Je me pl*ais* aux livres d'amour

Loi

Boileau, à propos du Roi – sur son déclin :
On reco*nn*aît ses lois
(Ces rois ont subi diverses avanies.)

Tout reco*nn*aît sa loi suprême
Lui seul ne co*nn*aît point de lois

Jean-Baptiste Rousseau, *Circé*

Long

Car de tout l*ong* ouvrage à la C*our* on s'ennuie

Joachim du Bellay, *Le Poète courtisan*

Cher René, nous savons que c'est pure folie,
Ce voyage au long cours à cause d'Amélie

Raymond Radiguet, *Amélie*

Notre-Dame de Bon-Secours,
Des voyages au *l*ong *c*ours

Raoul Ponchon, *Maris Stella*

Le Bon-Secours : une formule réputée sur bien des sites.

Loup

Le père Sanlecque, dans une *Satire contre les Confesseurs*, s'en prend à ces prêtres latins amateurs de « **f**_olles_ **tendr**_esses_ » :

Sous l'habit du Pasteur ne point *c*acher de *l*oups

Hugo a inventé le chevalier *Eviradnus* (est-ce de l'anagramme ?), lequel apparaît ainsi :

Velu, fauve, il a l'air d'un *l*oup qui serait *b*on

Et puis : « Il a sept pieds de haut comme Jean de Bourbon » (sic ! – sans doute un nom preux.)

M

Main

Des lois et non du sang : ne souillez pas vos *mains*

Marie-Joseph de Chénier, *Caïus Gracchus*

Corneille présente dans *Horace* cette curieuse famille :
Vos frères sont aux *mains*

Même attitude regrettable pour ces Thébains :
Tes frères sont aux *mains*

Jean Racine, *La Thébaïde*

Je m'en vais du soufflet me payer par mes *mains*

Philippe Destouches

Dans Corneille (*La Mort de Pompée*), Cornélie voudrait ranimer son époux…
Puis, n'espérant plus rien, lève ses *mains* aux cieux

Du même auteur, dans cette scène d'*Horace* (où l'on meurt volontiers) :
J'aurai trop de moyens pour y forcer vos *mains*

Et de Racan, *Épigrammes* :
Las d'employer la force de mes *mains*

Lamartine, dans *La Vigne et la Maison*, nous fait profiter de cette scène champêtre :

Les filles, se pa*ss*ant leurs deux *m*ains sur les yeux,
Jetaient des cris de joie à l'écho des montagnes

C'est là que se vante aussi « **le cr*i* des v*en*dangeurs** ».

Du Berger Phrygien le pernicieux don
En pa*ss*ant dans ses *m*ains affligea moins Junon

Alexis Piron, *Poème de Fontenay*

Qu'a donc ce vœu de pernicieux ?

En tous endroits, s*ous* m*ain*, contre moi se détache

Molière, *Le Misanthrope*

Votre secret, monsieur, est *s*ûr entre mes *m*ains

Pierre Corneille, *La Suite du Menteur*

Tes *m*ains *s*ûres
Ont soulevé le voile d'or de mes luxures

Louis Payen, *Hérode*

Finalement, on peut toujours écarter le voile...

Après Hérode, *Hérodiade* de Mallarmé :

Et je marchais, fatale, les *m*ains *s*auves

On sait qu'Hérode le père prenait la tête aux garçons.

Un esclave qui *s*ort des *m*ains des mécréants

Jean-François Regnard, *Les Folies amoureuses*

Ah ! tes *m*ains que tu *t*ords

Paul Verlaine, ***Sagesse***

Fais couler sur mes mains le ciel rose et l'arôme

Marie Noël, *Les Heures*

Il doit y avoir quelque chose de sacré dans cette chute.

Pas tout à fait dans le goût de *L'Offrande à la Nature* d'Anna de Noailles :

Et j'ai tenu l'odeur des saisons dans mes mains

Portrait de *La Fille du serrurier* par Desforges-Maillard :

Quelles mains ! quelle face !

Mal

De Victor Hugo, dans *L'Art d'être grand-père,* cette remarque de pédagogue :

C'est le mal que tu fais

Désolant tableau des *Poèmes barbares* de Leconte de Lisle :

Le mal était sans fin

On préférerait des lois.

Tu seras seul coupable, et nous tous en effet
Serons punis d'un mal que nous n'aurons point fait

Rotrou, *Martyre de saint Genest*

Manoir

Du poète alchimiste Clovis Hesteau de Nuysement :

Plus il y a de feu dans mon fâ*ch*eux *m*anoir,
Plus l'obscur a de force et plus il y fait noir

Cette histoire de noir et de feu n'est pas très engageante.

Matin

Première strophe de *L'Andalouse,* chanson d'Alfred de Musset :

Lorsqu'elle *ch*ante le ma*t*in,
Lorsqu'en tirant son bas de soie,
Elle fait sur son flanc qui ploie
Craquer son corset de satin

Le ton de la cantatrice (un vrai chant de diva), ces bas qui tendent, le flanc engoncé, etc. rendent la belle excitante.

Maux

Si tant de *m*aux *p*assés ne m'ont acquis ce bien
Que vous croyiez au moins que je vous suis fidèle

Jean de Sponde, *Amours*

Combien des *m*aux *p*assés douce est la souvenance

Agrippa d'Aubigné, *Stances*

(Est-ce de lui que parlait Saint-Simon : « *D'Aubigné courait les petites filles* » ?)

La *p*itié de leurs *m*aux ne peut toucher mon âme

Pierre Corneille, *La Place Royale*

Mais le repos et l'ignorance
Auraient rendu nos *m*aux plus *d*oux
déclare Musset dans *L'Espoir en Dieu* (encore la folie des messes).

Mer

Conseil de l'abbé de Voisenon, dans son *Épître* à Madame de Pompadour :
Pour trouver l'amitié, ne *p*asse point la *m*er

Henri de Régnier renchérit dans *Scène au crépuscule* :
Lasses d'avoir *p*assé et re*p*assé les *m*ers

On peut trouver pire dans Victor Hugo, *Les Martyres* :
Elles *p*assent la *m*er, veuves, s*eules* au m*onde*

De Jacques Audiberti, *Au soldat noyé* :
S'épanche la *m*er *p*âle du haut du beffroi de Berck
Ruissellera longtemps la goutte
(On ne s'interrogera pas sur le débit de la goutte.)

Ô *p*ins devant la *m*er

Jules Supervielle, *Pins*

Des pins de serre, peut-être ?

Et puis ce titre dans *Feuillages* de Jeanne Perdriel-Vaissière :

Entre deux *p*ins la *m*er

Mère

Sa *m*ère, *p*âle et perdant la raison

Victor Hugo, *Les Contemplations*

Message

Dans *La Lyre*, Tristan L'Hermite parle du turbulent Neptune :

Les Tritons au cœur enjoué…

Font de sa p*a*rt quelque m*e*ssage

C'est un plaisir de voir jouer ces Tritons !

Métier

Chacun son mé*t*ier

Les vaches seront bien ga*rd*ées

Florian, *Fables*

Mille

Dans *Les Châtiments*, Victor Hugo se plaît à imaginer à Saint-Cloud ces cas de festins :

Dans un festin qu'égaie un lustre à *mi*lle *bran*ches

Une vision d'Henri Pichette, *Odes à chacun* :

Comme dix mi*lle* bran*ches*

Mine

Mais le sexe à *P*aris a la *m*ine jolie

Jean-François Regnard, *Le Bal*

Se trouvent étonnés, p*erd*ant leur bonne m*ine*

Théophile de Viau, *Élégie*

Edmond Rostand (*Les Musardises*) fait état d'une débandade :

Puis la fuite rapide, et la *p*iteuse *m*ine

Et Jean-Baptiste Clément (*Le Traîne-Misère*) s'intéresse au cas des gueux :

Pourtant les gens à *p*âle *m*ine
Ont bon courage et bonnes dents

Mineur

Dans Victor Hugo (*Les Quatre Vents de l'esprit*), on peut contempler :

La *p*ioche du *m*ineur

Mite

De Théophile Gautier, dans *Émaux et Camées,* ce curieux vers sur des habits mités :

Près des trous de *b*alle, la *m*ite

(Il s'agit de services de grognards.)

Mode

Au début de l'« opéra comique » de Piron : *Le Caprice,* le sujet est ainsi défini :

C'est le p*ère* des M*o*des

Moelle

Un vers de *La mort était extravagante* de Geneviève Amyot :

Travaillé les *m*oelles encore *p*âles

On a sans doute passé leur os à moelle.

Moi

Exhortation de Victor Hugo dans *L'Art d'être grand-père* :
Défiez-vous de *m*oi

Mois

Dans le même recueil de Victor Hugo :
Ce d*oux* m*ois*
C'est peut-être le mois d'août (il y a des mois plus durs.)

Ô mes rêves des m*ois* p*a*ssés

Auguste Dupouy, *Hiver*

Mont

Aux *m*onts où le soleil se *c*ouche

Charles Cros, *Insomnie*

Puisé de l'eau qui *c*oule sur le *m*ont

Pierre de Ronsard, *Les Amours*

De Victor Hugo, ce vers tiré de *Balma* :
Sur les *m*onts obscurcis levait son *c*asque d'or
Le poète a plusieurs fois évoqué les « ***c*asques au *f*ront** ».

Dans *La Légende des siècles*, il cite (serait-ce dans la Bible ?) un certain *Mont Corbus*, assez rebutant :

Ce que le *M*ont *C*orbus cache sous son manteau
Veut-il parler de mont plein de scorpions ?

Au *c*œur des *m*onts
Serrant les nœuds partout et rivant ses chaînons

Émile Verhaeren, *L'Effort*

Ces grands riveurs ne doivent pas épargner leur peine.

Mordre

Paul Géraldy (*Vous et Moi*) pourrait à l'occasion donner dans le registre ubuesque :

Refuser son potage et m*o*rdre dans les p*ê*ches

Mot

***P*assez les *m*ots aux rieurs**
Les plus gros sont les meilleurs

Pierre Jean Béranger, *Gaudriole*

J'ai vu *p*asser les *m*ots qu'un baiser accompagne

Louise de Vilmorin

C'est qu'aux *m*ots les plus *p*urs il pleuvait des baisers

Louis Aragon, *Les Croisés*

Appel à un peu plus de souplesse pour attendrir Roxane :

Peut-être il suffira d'un *m*ot un peu plus *d*oux

Jean Racine, *Bajazet*

Madame, un m*ot* de v*ous* me mettrait hors de peine

Pierre Corneille, *La Galerie du palais*

Les *m*ots ont peur comme des *p*oules

déclare Verlaine (*Sagesse*), bien informé sur les peurs des mots et les mœurs des poules.

On ne manque pas de poètes au verbe agile :

Je règne sur la terre par le *p*ouvoir des *m*ots

Pierre Boujut

Mouler

Paul Éluard a écrit dans *Blason des arbres* :

La nuit vous *moule***ra la** *tête*

Les vers qui suivent sont également oniriques :

Et la hou*le* de la mou*sse*
Recouvre ses vieilles graines

Mouiller

Le sphinx au poil *m*ouillé qui se *c*ouche

Michel Leiris, *L'Heure de vérité*

Mousse

Musset (*À Madame…*) se souvient de la main de Marie Nodier :

C'est ta main consolante, et si sage et si douce
Qui consacre à jamais un pas *fait* sur la *mousse*
(Une histoire de faux pas, sans doute...)

Mutin

Théophile de Viau s'adresse à Louis XIII (*Au Roi sur son retour de Languedoc*), qui ne peut plus se passer des luttes :
C'est assez *p*uni les *m*utins

Et dans une *Ode*, il signale le défaut de la cuirasse :
Par où notre plaisir *m*utin
A déjà trouvé des *p*assages

Deux vers d'Antoine du Verdier, *Les Omonimes* :
Pour la sédition, en ce temps, vis-tu *p*ère
Qui de ses fils *m*utins ne reçût vitupère ?

Mythe

Sous quelque *M*ythe qu'il s'enferme,
Songeur, il n'est pas de *B*aal

Victor Hugo, *L'Art d'être grand-père*

(On consentira à prononcer *Bal*, comme dans : *le bal des hommes.*)

n-o

Nid

À lire Victor Hugo, on dirait qu'il pleut des nids. Dans *Les Contemplations* :

Les nids/ont *ch*aud
La m*ère* sur son n*id*
Comme un n*id* parmi les f*eu*illes inquiètes
Quels *n*ids avez-vous *vu*s ?

Dans *Toute la Lyre* :

Les douces choses
Que Dieu v*eut* et que font les n*ids*

Et parmi des nids toujours assez nombreux :

Cherchez… la place de *v*os *n*ids

Jules Supervielle, *Le Forçat innocent*

C'est le vent qui décide
Si les f*eu*illes seront
À terre avant les n*ids*

René Char, *Le Deuil des Névons*

Pourquoi faut-il que le vent décide ?

Dans *Automnale* de Lya Berger :
La *v*oix des *n*ids s'est assourdie

Niquedouille

S'il faut un exemple, voici, cité dans le lot, *Les Filles errantes* de Regnard :
Voilà un vrai ni*que* *d*ouille !

Nom

Un des *n*oms reste en*co*re, et le prélat, par grâce,
Une dernière fois les *br*ouille et les ressa*sse*

Nicolas Boileau, *Le Lutrin*

Ce *n*om caché depuis sous la *r*ouille

Alphonse de lamartine, *Dieu*

(On s'attend au décapage de la rouille.)

Vous trouverez partout l'ho*rr*eur du *n*om romain

Jean Racine, *Mithridate*

Et blasphémer le *n*om qu'ont adoré tes *r*ois

Jean Racine, *Athalie*

Dédicace de Regnard « à Boileau » :
As-tu joui de ton n*om*, et mis l'Envie aux f*ers*?
On notera aussi « **l'En***vie* **aux** *fers* », tout aussi diabolique.

Nombre

Le *nom*bre élu des vrais a*mants*

Bertin, *Les Amours*

Ou encore de Lattaignant (*Maximes de Coquetterie*), cette image des coquettes :

Et sans le *nom*bre des a*mants*
Qui les ont adorées
Que de déesses de ce temps
Qui seraient ignorées !

Nue

Vers sibyllin de Victor Hugo, *Les Feuilles d'automne* :

Les *c*aps d'où s'envolent des *n*ues

On se souviendra que le poète aimait faire tourner les tables. Finalement, ces vols ne sont pas sibyllins…

Orbite

De Michel Deguy, dans *Tombeau de Du Bellay* :

C*œur* arpentant l'*o*rbite

P

Pain

D'une chanson de M. Marino popularisée par les Frères Jacques, *La Confiture* :

Pourquoi y a-t-il des *t*rous dans le *p*ain ?

De quoi gâter une part de tartine.

Gouffre béant de p*ains* bén*its*
Et de *v*ingt *c*ierges les plus beaux

Marigny, *Le Pain bénit*

Ce n'est pas difficile de trouver tant de cierges ?

Le p*ain* tombant des c*ieux* fournit sa nourriture

Laurent Drelincourt, *Sonnets chrétiens*

Paix

Depuis que dans la *p*aix il *r*ègne absolument,
Tous les jours la douleur quelque atteinte lui donne

François de Malherbe, *Poésies*

Que la *p*aix se *f*asse

Jean de La Fontaine, *Épîtres*

Déclaration pour *Notre Dame* par Péguy trouvant la Vierge au fond :

R*eine des grandes* p*aix

Palais

Elle est ve*n*ue vers le pa*l*ais
Les chevaliers se regardaient

Maurice Maeterlinck, *Quinze chansons*

(À noter, peu après : « **le r*oi* m*on*te** ».)

Si l'on vous reco*nn*aît au pa*l*ais en plein jour ?

Victor Hugo, *Ruy Blas*

Les pa*l*ais i*n*égaux à leurs torses puissants

Charles Florentin-Loriot, *Oriens*

Ces Orientaux peuvent difficilement cacher leurs palais !

Pape

Dans *Les Regrets*, Du Bellay, qui observe les hommes de robe, entend *toute la ville…*

Crier : le Pa*pe* est *f*ait !

Pardon

Quoi ! le *p*ardon sonnant te retrouve en ces *l*ieux !

Nicolas Boileau, *Le Lutrin*

J'ai passé tous les âges
***L*assé tous les *p*ardons**

Louise de Vilmorin

C'est ainsi lorsqu'on laisse *passer tous les âges.*

Parole

Nuit qui enfantes toujours la *Pa*role,
Sois toujours ré*vé*rée

Du Bois Hus, *La Nuit des nuits*

Mais je n'aime que les *pa*roles de l'éternelle *vé*rité

Jean Racine, *Cantiques spirituels*

On peut faire confiance aux pères qui veulent nous convertir.

Part

***D*ieu fait *p*art, au besoin, de sa force infinie**

Pierre Corneille, *Polyeucte*

Pas

Que d'aimables *ch*oses
Amarille détruit en s'écartant d'un *p*as

Tristan L'Hermite, *Les Amours*

Passer

Après avoir p*a*ssé derrière le r*i*deau

Jacques Grévin, *La Gélodacrie*

Ô plaisirs p*a*ssés sans ret*ou*r !

Parny, *Élégies*

Au début du *Derviche* de Victor Hugo (*Les Orientales*), ce vers satanique :

Un jour Al*i* p*a*ssait
On entend ânonner le prophète…

Toujours de l'intarissable Victor Hugo :

Quelque chose tremblait de vaguement terrible
Et br*i*llait et p*a*ssait

La Légende des siècles

J'en *p*asse et des *m*eilleurs

Hernani

Que les femmes r*i*aient quand nous p*a*ssions près d'elles

Les Contemplations

Ces rieuses espéraient des chutes ?

Patte

Que nous serions heureux
Disent les loups entre eux
Si nous pouvions mettre la *p*atte
Sur *ch*air si délicate

Benserade, *Ballet des Muses*

Pas de doute : ils imitent les bêtes !

Péché

Encore de Benserade, dans *La Riche laide* (genre moche bien ridée) :

Les appas d'un si *d*oux pé*ch*é

Peine

Par deux ans sa grâce attendy
Toutefois ma p*e*ine perd*y*

Christine de Pisan

S'attendrit-on à une telle peine ?

Heureux, tu jou*is* de ta p*e*ine

Pierre de Ronsard, *Épigrammes*

Mais nul n'effacera de nos l*i*vres de p*e*ine
La trace d'un « Pater » ni celle d'un « Ave »

Charles Péguy, *Ève*

Pour que l'âme d'un bel éphèbe en soit ravie,

Je voudrais enlever ses p*ei*nes à la v*ie*

Jules Tellier, *Princes de la jeunesse*

(C'est le bon moment pour citer l'éphèbe.)

Mieux attaquais, mieux défendait,
Dont je souffr*is* p*ei*ne très dure

Jean de La Fontaine, *Janot et Catin*

Le cœur qui palp*it*e à p*ei*ne

Victor Hugo, *Toute la Lyre*

Est-ce un cœur polisson ?

Tiré d'un pamphlet contre Boisrobert (*Boscorobertine*), ce genre de vers concis :
Toute la p*ei*ne lui rem*it*

De Pierre Reverdy, *Cravates de chanvre* :
Les mains qu*it*tent leur p*ei*ne

Petite anthologie cornélienne, où l'on voit toujours la peine sévir :
Quoi ! vous voulez qu*it*ter le fruit de tant de p*ei*nes

Cinna

Sur vous ce sacrilège att*ir*erait sa p*ei*ne

Horace

Des prix pour les vertus, des p*ei*nes pour les cr*im*es

Horace

Ils égalent la p*ei*ne aux cr*im*es des coupables

Théodore

Je devais même p*ei*ne à des cr*i*mes semblables

Polyeucte

Peu de différences pour ces dernières *peines*...

En écartant ces peines de justice, on voit celle qui fait délirer Chimène :

Quoi qu'il en soit, même pr*ix* est acquis à sa p*ei*ne

Le Cid

Pénée

Ainsi l'on vit Thét*is* flottant sur le Pén*ée*

André Chénier, *Poèmes antiques*

Une sorte de traque pour Thétis?

Penser

C'est que l'on n'a pas le temps d'*y* p*en*ser quand on aime

Alfred de Musset, *À Madame G.*

C'est fait, belle Caliste, il n'*y* faut plus p*en*ser

François de Malherbe, *Ballet de Madame*

Prompte à mieux p*en*ser de v*ous*

Alexis Piron, *Fernand Cortès*

Je ne puis me *l*asser de re*p*enser en vous

Pierre de Ronsard, *Les Amours*

Pente

Et je courus comme un ***f*ou sur les** ***p*entes**

Robert Sabatier, *Ville ouverte*

Perdre

Ils ne ***per*dront jamais la** *vie*

Guillaume Colletet

Amusez-le pourtant à débattre avec vous :
Faites-lui ***per*dre** *temps*

Pierre Corneille, *Nicomède*

N'acquérez point ma haine en ***per*dant votre** *temps*

Pierre Corneille, *Théodore*

Dans ces quatre mots de Philippe Soupault (*Margie*), des syllabes peuvent se combiner diversement : on trouve donc des lignes à faire, et les colonnes à choisir :

*Temps per***du**
*Temps com***pté**

Père

Ces *pères* **saisiront vos inutiles** *mains*

Agrippa d'Aubigné, *Les Tragiques*

(On peut prendre les *pains* aux *mères*, ce qui n'est pas plus convenable.)

Un passage au moins d'*Iphigénie*, de Racine :
Trouverai-je l'a*mant* *gl*acé comme le *père*?
Ou : « *l'a-m***ant** *gl***acé comme** *le* **père** »... C'est sans doute détectable pour l'habile, mais ces cas embrouillés supposent une coupable obstination.

Peu

Une habitude des comédies de Corneille :
N'établis point tes feux sur le p*eu* que je v*aux*

La Place Royale

Ce m'est trop d'heur encor dans le p*eu* que je v*aux*

La Veuve

(Voilà bien la pire des manies !)

Phare

Son flambeau de Sestos allume le d*oux* ph*are*

Victor Hugo, *Odes et Ballades*

Pied

S'étend et porte au loin, jusqu'au p*ied* des coll*ines*

André Chénier, *Épîtres*

Pourvu que cela ne passe pas les collines !

Pierre

Aux chanteuses debout près des p*ierres* ant*iques*

Olivier de Gourcuff, *Gens de Bretagne*

Est-ce là, comme dit le poète, que « **la *m*ousse gagne** » ?

Pin

Soudés comme le lierre au lierre…
Enlaçant les deux *p*ins

Maurice Fombeure, *Jugement dernier*

Respirant sous les p*ins* leur odeur de rés*ine*

Brizeux, *Marie*

Pindare

Mais l'Univers encore admire
Les *P*indares et les *S*aphos

L'auteur de ces *Odes* (au bois) se fait appeler *Lebrun-Pindare*, nom de prétentieux déjà présenté.

Pipeau

Votre *muse* au *pip*eau servile

écrit Marie-Joseph Chénier dans une *Épître* fustigeant le poète qui perd sa flûte.

Piquer

Pi*qu*é du *n*om qui me glace en ardeur

Pierre de Ronsard, *Les Amours*

Et même les vipères
Y pi*qu*eront sans *n*uire

François de Malherbe, *Récit d'un berger*

Ainsi, la bergère se laissera verser sur la berge.

Pis

La *v*ache au *p*is gonflé broutant les verts gazons

Victor Hugo, *Toute la Lyre*

Attention à la paille de la couche !

Chez André Frénaud (*L'Ennemi de soi*) :
Il y a des rats dans le *p*is de la *v*ache
Ce sont ces bêtes qui vous minent.

Plan

Et passe entre deux *p*lans, et *g*lisse entre deux fentes

Victor Hugo, *Dieu*

On peut très bien passer quand ça glisse.

Pont

Plus de *p*ont, plus de *qu*ai

Victor Hugo, *L'Année terrible*

En plus, les rues sont raides !

Dans *Hors les murs* de Jacques Réda, *les trains glissent…*
Et font *r*uer les *p*onts
On évite de grouper de tels trains.

Pouvoir

Mais un pou*v*oir *c*entral arrête ses efforts

Voltaire, *Épître*

C'est sans doute le but qui compte.

Presse

En quelque endroit que j'aille, il faut *f*endre la *p*resse

Nicolas Boileau, *Satires*

Du peuple qui l'entoure Antoine *f*end la *p*resse

Voltaire, *La Mort de César*

C'est là que la foule s'empile.

Prêtre

Dans Paul Fort (*Vivre en Dieu*), une histoire de curés fous :

Aux *p*rê*t*res *fous* !

Prix

Nous con*v*enons le *pr*ix

Vadé, *Banquet poissard*

Et cette courtoisie à si haut *pr*ix me *v*endre

Régnier, *Satires*

Les prenez-vous ? À bas *pr*ix je les *v*ends

Huysmans, *Le Drageoir aux épices*

Puce

La bê*te* ne t'offrait, jadis, que pu*ces* grosses

Jacques Audiberti, *Race des hommes*

Avec ces puces, on est refait !

Q

Quai

Je pars et je vous abandonne
Longs** qu**ais

Louis Aragon, *Le Roman inachevé*

Qu'il est l*ong*, ce qu*ai* avec ses eaux huileuses !

Ribeiro Couto

Alors ce n'est pas une r*ue*, mais un qu*ai*

Jacques Roubaud, *Les Rues de Paris*

L'auteur s'attache au compte des rues : ici, une rue côté impair.

Sous le gaz r*u*de comme un qu*ai*
Veille un flot qui me déconcerte

Jacques Audiberti, *Race des hommes*

Nous marchons dans les r*ues* sur le qu*ai*

Georges Perros, *Poèmes bleus*

Ce grand malin en a fait des rondes sur les quais !

D*eux* qu*ais*, et voilà tout

Paul Verlaine, *Nocturne parisien*

Pourtant le fleuve coule des qu*ais* en rem*on*tant

Pierre Reverdy, *La Langue sèche*

Querelle

France, France, réponds à *ma* triste/querelle

Joachim du Bellay, *Les Regrets*

Quête

Et mille monstrueuses bêtes
Qui f*ont* leur qu*ête* aux environs

Théophile de Viau, *Ode*

On aimerait voir ces bêtes partir.

Quille

Jusqu'à ce que la mer de n*ou*veau
fasse défaut sous ma qu*i*lle

Ainsi s'exprimait Paul Claudel (avant qu'on le mute au Quai) dans *La Cantate à trois voix*, qui inclut un « **Cantique des ch*a*rs *e*rrants** ».

Quitter

Approche-t-il du *b*ut, *q*uitte-t-il ce séjour

Jean de La Fontaine, *Philémon et Baucis*

D'où vient que mon a*b*ord l'oblige à te *qu*itter ?

Pierre Corneille, *La Galerie du palais*

Du même auteur, dans *La Place Royale*, cette question de Philis à Cléandre :

Quoi donc, c'est tout de *b*on que tu me veux *qu*itter ?

(ou : « **tu me** v*eux* **qu*i*tter** ») ; puis en écho dans le même ton : « **Et tu tournes le *dos* quand je t'en veux *con*ter.** »

À peine la parole avait qu*itté* sa b*ouche*

François de Malherbe, *Les Larmes de saint Pierre*

(L'erreur peut être induite par l'évocation dans ce texte de « ***g*randeur a*b*aissée** ».)

Piron a consacré des *Stances* au Dr Procope, cas fumeux : le traitant de « fils d'Hippocrate » (est-ce par malice ?), il appelle la réconciliation :

Nous nous sommes *qu*ittés sur la bonne *b*ouche

Victor Hugo, scrutant l'année historique :

On ne se *qu*ittera que là-bas aux *b*arrières

L'Année terrible

Comme à regret *qu*ittant ces *b*ords chéris

André Chénier, *Épîtres*

Un vers mélancolique de Léon-Paul Fargue, *La Gare* :

L'erreur de s'em*b*rasser, l'erreur de se *qu*itter

Certes, si l'on doit redouter les gares, il faut éviter les cous embrassés.

R

Ramener

Quel heureux sort vous ramène en ces lieux ?

Alfred de Musset, *Le Songe d'Auguste*

Courir vers le Bonheur, que le Désir acclame,
En devançant le temps qui ramène la mort

Adolphe Boschot, *Poèmes dialogués*

Rare

Le sublime en tout genre est le d*on* le plus r*are*

Voltaire, *Épîtres*

Ravi

Je suis ra*vi*, assis entre les *Dieux*

Pierre de Ronsard, *Les Amours*

Il arrive que la poésie de Maurice Scève nous perde et nous emmêle ; ainsi dans *Délie* (ce titre est une supposée contrepèterie de syllabes) :
Sa fièvre en si grand/beauté *ra*vie

Reculer

Quant à moi, las de tant *br*ûler
Et si pressé de re*cu*ler

Théophile De Viau, *Stances*

Ils *s'en* vont là-bas où tout *re*cule

André Farge, *Choses mortes*

Redouter

Dans *La Fin de Satan*, Hugo parle du prêtre équivoque :

Il était chaste avec les *f*emmes,
Re*d*outant le démon

« Mais ces chastetés-là font brûler des Sodome », ajoute le poète qui prétend voir cesser les abus.

Ô *f*emme dont l'aspect est toujours re*d*outable

Pierre Motin, *Élégie contre les femmes*

L'auteur veut qu'on se consacre « **aux m*â*les s*eu*lement** », mais n'est pas du genre à goûter des mâles…

Une méchante *f*emme ayant nom Véronique,
Chacun la re*d*outait

Théophile Gautier, *Albertus*

C'est en effet un nom mal coté.

Rein

Nouvelle des agités qui veulent toujours lutter :
Il dit qu’il faut encore lutter
Alors que j’ai les reins cassés

Catherine Ribeiro, *Carrefour de la solitude*

Rhin

Le Passage du Rhin
Tel est le sujet de l’*Épître IV* de Boileau. On dirait que c’est la mer à passer !

Rhône

Je plains le flot du Rhône où se peint ton image

Alphonse de lamartine, *À Mme…*

(On se souvient que c’est cette dame qui passe pendant que le poète rime.)

Riant

Qui babille et joue en riant
Avec ses chaînes

Alfred de Musset, *À mon frère*

Votre bouche en riant fait que mon nez rechigne

Benserade, *La Riche laide* (sic)

Puisqu'il surpasse en *r*iant
Ceux qui à bon escient
Traitent les *ch*oses d'importance

Jacques Tahureau, *De Rabelais*

Pour confondre ces deux consonnes, il y faudrait de la malveillance ; cependant, on rappellera que *Gargantua* est bien un garçon à *prendre les choses en riant.*

On ne confondra pas avec Paul Claudel qui trouvait *les choses en priant* (comme le suggérait Luc Étienne.)

Il regarde toutes *ch*oses et *r*it

Paul Claudel, *L'Esprit de l'eau*

Riche

Je les invente criblant de tes faces
La terre qui fut r*iche* en m*ondes*

Ces beaux vers de Michel Deguy s'intitulent curieusement *Prose*... L'amateur d'ésotérisme va s'interroger sur : *criblant la terre de tes faces.*

Rimer

Tous mes efforts ne peuvent réprimer
Cet ascendant malin qui vous force à *r*imer

Nicolas Boileau, *Satires*

C'est moins coté de se faire maçon.

Ris

Bacchus, tu te pl*ais* dans les r*is*

Colardeau, *Le Temple de Gnide*

(Ou bien : « **tu te *plais* dans les *ris*** », si cela peut signifier quelque chose…) Ces compagnons de Bacchus plaisent comme des boucs !

Roi

Rare ho*nn*eur de nos *r*ois

Jean Dorat, *Ad Lutetiam*

Et sage apprends les hauts faits de ton père
Et ses vertus, et les ho*nn*eurs des *R*oys

Pierre de Ronsard, *Les Amours*

Dans *Médée* de Corneille, on voit le roi Égée, que l'héroïne n'a pas lâché, lui proposer sa terre pour l'appâter :

Si vous l'aimez assez pour lui do*nn*er des *r*ois

Roue

De loin encor le pigeon f*ait* la r*oue*

De Pezay, *Zélis au bain*

Cette histoire montre le berger *Hilas* comme une bête, et cette amoureuse de *Zélis* sensible à tant de peine.

D'une manière analogue, *Le Pitre* de Verlaine :

Baise au cou sa commère, et f*ait* la r*oue*

On voit constamment ce genre de paons qui gloussent :

D'un pas grave tu f*ais* incessamment la r*oue*

Jacques Pradon, *Satire*

Est-ce ta main qui f*ait* la r*oue*?

Éluard, *La Vie immédiate*

Rouille

Le long sillage d'un oiseau d'eau *c*ouleur de *r*ouille

Valery Larbaud, *Londres*

Route

Bien que le soleil
perde ses *bi*joux sur la/route

Pierre Reverdy, *La Guitare endormie*

Rubrique

Si vous avez besoin de *l*ois et de *r*ubriques

Pierre Corneille, *Le Menteur*

Dorante, le maniaque de fictions, vante toujours son droit.

Rue

Guider mon ombre aveugle en ces r*ues* **que j'aim***ais*

Guillaume Apollinaire, *L'Émigrant*

On sait combien ce flâneur a aimé les rues, et humé les quais.

S

Sable

Réticentes amours sans cesse retirées,
N'épandrez-vous jamais sur mon aride sable ?

François Mauriac, *Orages*

Ce texte décrit une plage sous l'averse.

Saint

En arrivant ici, j'ai, des *droits* **les plus** *saints,*
Confié le dépôt en vos royales mains

Alexis Piron, *Fernand Cortès*

La majesté des *saints* **de***bout* **sous les portiques**

Alfred de Musset, *Portia*

(On a mis beaucoup de pognon dans les niches).

Dans cette *Épître* de Nivelle de La Chaussée, le poète est ainsi apostrophé par sa Muse :
Enfant nourri de mon *lait* **le plus** *sain* **!**
Ce n'est pas le genre de lait qui se bouche.

Sanglant

Dans *La Henriade*, Voltaire s'attarde aux horreurs de la guerre civile :

San*glants*, percés de *coups*... On les *p*ousse, on les *t*raîne

Ces actes hérétiques sont horribles.

Inapaisés inguérissables *trous* san*glants*

Pierre Jean Jouve, *À celle qui s'amuse*

Un homme san*glant* dont le *nom* va très loin

André Breton, *Le Revolver à cheveux blancs*

Sauver

Et s'il ne peut venir à *t*emps pour le sau*v*er

Pierre Corneille, *Clitandre*

(C'est quelqu'un qui ne trouve pas ce Clitandre assez tôt ?)

Scythe

Dans sa sévère *Remontrance*, Ronsard s'en prend aux Huguenots (c'est son côté pratiquant) :

Je dis Chrétien de *b*ouche, et *Sc*ythe par les œuvres

Sécher

Les laveuses font sécher leur linge au vent

Victor Hugo, *La Fin de Satan*

Pas besoin de séchoir pour bien laver.

Seul

Savez-vous qu'un jour, l'homme est s*eul* au m*onde*?

Marguerite Desbordes-Valmore, *Pauvres fleurs*

Sion

S*ion* sur qui le f*eu* se prépare à descendre !

Alexis Piron, *Psaumes*

Dieu de Sion, rappelle,
Rappelle en sa faveur tes antiques bontés

Jean Racine, *Athalie*

Son

J'aime le s*on* du C*or*, le soir, au fond des bois

Une erreur possible (ou deux – un beau record de sons !) dans ce vers d'Alfred de Vigny (*Le Cor*) : on voit dans ce tableau la biche allaiter, mais ensuite « **l'éten*dard* du *More*** ».

Couvrant l'orchestre aux vagues sons

Victor Hugo, *Les Rayons et les Ombres*

Voilà qui peut surprendre, alors qu'il est commun de couvrir le son, et naturel au son de couvrir, même avec un ton discret.

J'hésite, à plusieurs fois tâtant le son *qu'*il faut

Marie Noël, *Les Chansons*

Sot

Loin des fripons et des sots

Voisenon, *Élégie*

Sotte

Le dessein de la chasteté
Prend une honnête liberté
Et franchit les sottes limites

Théophile De Viau, *La Maison de Sylvie*

Prête à pleurer, la s*otte*! au plus doux du bonheur

Marie Noël, *Fantaisie*

On ne s'étonne pas de trouver en telle situation le « **doux du bonheur** »…

Souiller

Dans *Les Amours*, Ronsard décrit la belle Callirée *la main mouillée* :

Du nouvel homicide encor toute souillée

Un cas parmi les durs :

Il *en est* comme souillé

Saint-John Perse, *Vents*

Par un profane amour votre cœur est souillé

Alfred de Vigny, *La Femme adultère*

Source

Qu'importe du bonheur la source fausse ou vraie ?

Alexis Piron, *La Métromanie*

La Nymphe au bord des sources fraîches

José Maria de Heredia, *Les Trophées*

Lise aujourd'hui se baigne aux sources

Victor Hugo, *Chansons des rues et des bois*

(Elle devrait se garder des hommes au bain, et éviter de fréquenter ces sites de baigneurs.)

Pour les vieilles beautés la source de jouvence

Pierre de Villiers, *Épître*

Aux bruits mystérieux des sources dans les bois

André Lemoyne, *Légendes des bois*

Suisse

J'ai sous les yeux les plus riches tableaux
La *Suisse* et les belles *c*ampagnes

On examinera la citation de cet amateur de Gex, Charles de Villette, dans une lettre adressée *À Voltaire.*

T

Tard

Quand il s'en*d*ort, c'est sur le *t*ard

Roger de Collerye, *Poésies*

Tas

Hantez mignonnes qui portent grands états
Mais gardez-vous de *mon*ter sur le *tas*

Jean Drouyn, *Ballade*

Ces demoiselles auraient besoin de bagues vite...

Tempête

***A*menez les t*em*pêtes !**

Alexis Piron, *Odes*

Ainsi dans le secret *a*massant la t*em*pête

André Chénier, *Ode*

Pourvu que ces navigateurs ne perdent pas des mousses !

Temps

Pour ranimer le feu que le *t*emps *gl*ace

Gentil-Bernard, *L'Art d'aimer*

Ces froids sont à noter.

De Philippe Jaccottet, auteur des « *Ch***ants d'en** *b***as** » :
J'avance en ce jardin,
*Con***duit par le** *temps*

Tente

Je vis sous les *f*estons une *t*ente où l'or brille

Colardeau, *Le Temple de Gnide*

La confusion approximative est imputable à ce goût des vieux temps...

Terme

C'est que pour m'amener au *t*erme où tout a*sp*ire,
Il m'est venu du ciel un guide au front joyeux

Victor Hugo, *Odes et Ballades*

S'il faut susciter ces émotions, pourquoi un guide en vol ?

Terre

Et la *t*erre *p*arée
Était enamourée

Mathurin Régnier, *Plainte*

Voilà que son pied touche à la *t*erre *p*romise

Alfred de Vigny, *Moïse*

Tête

Alors, *baiss*ant la *tête*, il s'avança vers elle,
Et lui dit : « M'aimes-tu, Georgette, m'aimes-tu ? »

Alfred de Musset, *Le Saule*

La chère pourra être flattée.

*Courb*er **les plus sublimes** *têtes*

Victor Hugo, *Les Feuilles d'automne*

De sorte qu'elle met des *fleur*ons sur sa *tête*

Tristan L'Hermite, *La Guirlande*

Téter

Scandaleux ! Là, là, sous mes yeux, un *poiss*on qui *tète* !

Paul Claudel, *Le Soulier de satin*

Thym

On sent la rose, on *s*ent le *th*ym

Charles Cros, *Le Collier de griffes*

Et l'abeille voltige auprès des *thyms té*nus

Pierre de Bouchaud, *Le Luth doré*

Tithon

L'Aurore ne m*et* point son T*i*thon à mépris

Pierre de Ronsard, *Sonnets pour Hélène*

Toile

Et la flamme où *p*endaient nos *t*oiles

Paul-Jean Toulet, *Les Contrerimes*

Toit

Ah ! La Simonne
***D*ort sous mon *t*oit**

Desmeuzes, *Automne*

Ton

Des vas*qu*es au *t*on mauve

Pierre Benoît, *Éros*

Tonne

L'Alphabet des aveux de Louise de Vilmorin n'est pas exempt de ruses moqueuses :

J'avais un autre amant
Caché dans une *t*onne…

Quelques vers plus loin :
Là, *c*ouché dans la *t*onne,
Ô lit de mes revers…
Bref, une suite de choses ratées.

Toucher

Cruelle, *tou*che-*les* pour en sentir l'*a*rd*eu*r

Tristan L'Hermite, *Les Amours*

Halte-là !
Colin ne doit pas *tou*cher *là*

Alexis Piron, *La Rose*

Qu'est-ce qu'il cache, ce Colin ?…

Un autre gars dans la course, vu dans *Le Légataire universel* de Regnard :

Parbleu, j'en suis bien aise. Ah ! monsieur, *tou*chez *là*…
***Tou*chez *là* derechef. Le plaisir me transporte**

Le Satyre en action dans *L'Art d'aimer* de Gentil-Bernard :
Il entre : à peine il en t*ou*che le b*ord*,
Son pied de faune y disparaît d'abord

Dans *Britannicus* de Racine, le héros prend imprudemment une coupe, et goûte au vin acide :

Mais ses lèvres à peine en ont t*ouché* les b*ords*

Dans *Les Deux Ruisseaux* de Léonard :

Daphnis, privé de son amante,
Conta cette f*able* touch*ante*

Tout

J'aurais pu être l'au*tre* et le *t*out

Guy Chambelland, *Courtoisie de la fatigue*

Trait

Bien que ton tr*ait*, Am*our*, soit rigoureux

Pierre de Ronsard, *Les Amours*

Am*our*, contre Jason tourne ton tr*ait* fatal,
Au pouvoir de tes dards je remets ma vengeance

Pierre Corneille, *Médée*

Encore une série de traits bien fous :

Mais, dis-tu, Margot est divine,
L'am*our* même arrangea ses tr*aits*

Claude-Joseph. Dorat, *Sur Margot*

Tous les tr*aits* de l'am*our* sont cruels dans mes mains

Colardeau, *Lettre de M.*

Et jamais le tr*ait* de l'am*our*
Ne se fût mêlé de te poindre

Théophile De Viau, *Odes*

Pierre Du Camp, dans sa satire *Les Nouvellistes*, décrit ces francs goûteurs :

C'est là qu'on peut g*oût*er ces plaisirs à longs tr*aits*

Faut-il signaler : « **à l***ongs* **tr***aits* » ?

Cela à la façon de Pierre de Villiers, dans son *Épître* au peintre Rigaud, dont il vante « la docte main » :

Pr*om*pte à saisir les tr*aits*

Tresse

Près d'eux les f*illes* ont des tr*esses*

Maurice Fombeure, *Les Écoliers*

Tricot

Dans *Songe de l'Amour* d'André Rivoire, on tricote quelque peu :

Tout en hâtant l'aiguille aux *maill*es du *tric*ot

Tromper

Dans ces poèmes, on voit souvent soupirer des types… Dans *Tirsis et Amarante* de La Fontaine, on assiste à ce colloque :

Voudrais-je vous *tr*omper, vous pour qui je me *p*ique?

Dans *L'Art d'aimer* de Gentil-Bernard, encore des âmes langoureuses :

Sert mieux l'amant pour mieux *tr*omper l'é*p*oux

Et dans la comédie de Corneille *Le Traître trahi* (on voit son jeu à nu) :

Puisqu'elle m'a *tr*ompé, qu'elle en porte la *p*eine!

Trône

Aujourd'hui dans le tr*ône*, et demain dans la b*oue*

Pierre Corneille, *Polyeucte*

(On aura remarqué que Corneille affectionne le contrepoids parfait.)

Il faut qu'il soit bien f*ou* pour désirer le tr*ône*!

Victor Hugo, *Cromwell*

Trouble

Mais le tr*ouble* était d*oux* et je ne mourais pas

André Chénier, *Élégies*

Troupe

Signalons quelques faits grossiers :

Je sors et vois courir des *t*roupes de Ba*cch*antes

Nicolas Germain Léonard, *Le Temple de Gnide*

Cet être épiait *Ch*rist dans cette *t*roupe infâme

Victor Hugo, *La Fin de Satan*

Troupeau

Évocation pastorale tirée des *Amours* de Rémi Belleau :

Si tu veux que le *pis* de ton jeune *trou*peau
Ne tarisse jamais, et que de lait nouveau…

(Il y a beaucoup de pâtres dans ces fourrages.)

Touver

Dans *L'Art d'aimer*, Gentil-Bernard ne doute pas qu'Hippolyte :

Trouve **l'amour dans les** *bois*

Ou : « **l'a*m*our dans les *b*ois** » ? En tout cas, des histoires de fuite sans cesse…

Et je n'ai pas *trouvé* ce*la* si ridicule

François Coppée, *Poèmes modernes*

U-V

Union

Alfred de Vigny a vu dans *Paris* :
Des fl*ots* d'amour et d'*u*nion

Urne

Et regarde tomber de la *b*ouche de *l*'urne
Le flot livide des vivants

Victor Hugo, *Horror*

Chez Lamartine (*Harmonies*), *le vieillard* :
Dépose en gémissant *son* urne sur *les b*ords

Vaillant

Pour Chimène lassée, ce *Cid* est tabou :
Va, tu l'as pris en traître, un guerrier *s*i *v*aillant
N'eût jamais succombé sous un tel assaillant

Les hommes bouillants ne manquent pas chez Corneille ; voir encore *Nicomède* (l'opposé de *Nicodème*) :

Contre un fils *si vaillant* et si digne de vous
(Le jeune fou est en effet très digne.)

Vaincu

Ce mot redoutable appelle des variations sur les mues du cœur; d'abord sous la plume de Jean Rotrou (*Venceslas*) :

J'étais mort pour ma gloire et je n'ai pas vécu
Tant que ce lâche *cœur* s'est dit votre vain*cu*

Dans Hugo, bien sûr, où souvent le cœur afflue :
Car les plus nobles *cœurs* sont vain*cus* ou sont là

Les Chants du crépuscule

Dans ces affaires de *cœur*, on a soupçonné les dames d'user de fard :

Le *cœur* seul est vain*cu*, le cœur seul est vainqueur :
Mais qu'est-ce qu'entendent ces dames
En nous parlant toujours du cœur ?

Stanislas Jean Boufflers, *Le Cœur*

Cet homme, s'il rencontre une femme, veut plaire,
Tombe à genoux, adore et tremble, et ce vainqueur
Du destin est toujours le vain*cu* de son *cœur*

Victor Hugo, *Les Quatre Vents de l'esprit*

On peut faire quelque pause sur ces chutes, et apprécier l'évidence des cas.

Ô *temps* vain*cu*, si je suis tel
C'est le secret de ma jeunesse

Léon Moussinac, *Préludes*

De Musset, dans le *Sonnet du Lecteur* :
Les *dieux* vain*cus* !

Vanter

Quelquefois il vous *p*laint, quelquefois il vous *v*ante

Jean Racine, *Athalie*

Vendre

Et pour argent leurs plus grands am*is* v*en*dent

Salomon Certon, *Vers Leipogrammes*

Faut-il dénoncer l'abus des vendeurs ?

Vent

De la fameuse *Complainte* de Rutebeuf :
Ce sont am*is* que v*ent* emporte

Ce vent-là ne peut pas s'éviter (ni s'inviter !) ; on le voit constamment, comme dans cet exemple contemporain :
Mon am*i* m'emporte au pays du v*ent*

Armand Lanoux, *La Tulipe orageuse*

Parmi les Romantiques qui citent le vent :
Sur les côtes sans chair où vient s*i*ffler le v*ent*
Alfred de Vigny, *Lord Littleton*

Mais quand les v*ents* s*i*fflaient sur ta muse au front pâle
Alfred de Musset, *À George Sand*

Le v*ent* plaintif du Nord qui s*i*ffle sur les mousses
Alphonse de lamartine, *Toast*

Accessoirement : « **qui s*i*ffle sur les m*ou*sses** »... (Quelle affaire pour des mousses !) Etc.

Une mention pour Fernand Gregh décrivant *La Fée* (celle qui prête la baguette) :
Elle prend soin des moindres fleurs,
Calme le v*ent* qui s*i*ffle

Un vent encore plus précis, ici dans *Le Fâcheux Veuvage* de Piron :
Je suis un petit v*ent* coul*is*
Envoyé d'Éole à Balkis

Et chez Claudine Lecoq, à qui l'on doit **Le *l*ibre *ch*ant**, ce vers :
Le v*ent* en coul*is* tait l'ardeur de l'été

Yves Bonnefoy (*Poèmes*) a observé une espèce d'oiseau qui se coule dans les branches :
L'oiseau s'y pose, le v*ent* *y* bouge

André Chénier débine des coteries dans cette *Épître* (dite « Le Jeu de Paume ») :

À tous les v*ents* jeté, vole, débr*is* infâme

« **V*ents* hard*is*** » est une chanson de la Renaissance (Clément Janequin) ; ce genre de bise est de tous les temps :

Et les V*ents*, plus hard*is*, aux Échos le portaient

Pierre Le Moyne, *De la Fortune*

L'h*i*ver en proie aux v*ents*

Louis Le Cardonnel, *Carmina Sacra*

Verger

La campagne tranquille et les *calm*es *verg*ers

Pierre de Bouchaud, *Les Heures de la Muse*

Fruits mollement pendus aux *branch*es des *verg*ers

Maurice Levaillant, *Des Vers d'amour*

(S'ils pendent, ils sont bons à emballer.)

Sur la *rose* au *verg*er une femme se penche

Garnier, *Quatrains*

Verre

Dans *Idylle* de Musset, on entend deux jeunes gens romantiques que la peine mine :

Ainsi le v*erre* en main raisonnaient deux am*is*

Verrue

Dans *Le Chevalier aux deux épées*, cette description galante :

Au c*ol* n'eut fronce ni verr*ue*

Qu'elle avoit et long et droit

Traduction du style d'époque (de cet amateur d'épées) : *Elle n'avait pas de verrue au cou.*

Vers

Le mensonge et le v*ers* sont de tout temps am*is*

Jean de La Fontaine

Vert

***Nei*ge du jour si blanche d'être *ver*te**

Robert Sabatier, *Le Peuple jardinier*

Titre incipit de John-Antoine Nau, *Hiers bleus* (curieux nom pour un bleu) :

Sur l'arc *vert* de la *pla*ge apaisée

Vide

C'est quand flotte sa robe
au milieu des *rues vides*

Julien Gracq

Dans *Écumes de La Havane* de Michel Leiris :
Assez de loisir pour que le *temps vide*
(Ça se barre sans retour !)

Vie

Dans *Nicomède* de Corneille, la reine d'Arménie soupçonne la Bithynie de vouloir la troquer :
Ma *vie* est en vos *mains* mais non ma dignité

Dans *Gustave Wasa* de Piron, l'affaire paraît mieux engagée :
Abandonnant ma *vie* aux plus indignes *mains*

Dans ses *Sonnets*, Étienne de La Boétie se plaint de manquer d'un entrain suffisant pour jouer :
Prêt à laisser la *vie* sous le *faix*,
Qu'y ferait-on, sinon ce que je fais ?

De Victor Hugo, dans *L'Année terrible* :
Avec cette morale où tout est *vie* et *grâce*

Vierge

Nulle *vierge* à mes *vœux* n'offre encor ses appas

Bertin, *Élégie*

Les *vierges* qui, d'un chaste *vœu*,
Nourrissaient un éternel feu

Nicolas Rapin, *Chanson*

Mais est-ce un genre de feu à dénoncer ?

Âpre *vierge* au *vol* prompt

Victor Hugo, *La Légende des siècles*

(En voilà une qui est prompte à s'alléger.)

Vieux

N'eût été le bâton de ce père *si vieux*

Balthazar Bailly, *Satire*

L'auteur parle aussi « **des p*ères* les plus v*ieux*** », dans les vers les plus pieux (et les vers les plus chastes.)

Vilain

Dans *Les Folies amoureuses* de Regnard, Lisette se plaint d'élans trop vigoureux :

Je ne veux point tremper dans vos lâches desseins :
Le *cas* est trop *vi*lain, je m'en lave les mains

Ville

Et ce grand général qui ra*ma*ssait les *vi*lles

Charles Péguy, *Ève*

C'est le même, dans cette page, « qui prenait les bastilles » (comment s'étonner qu'il s'en prenne aux bastilles ?)

Vin

Boileau (si !) s'est moqué des petits « ***vi*ns de *Br*ie** » (*Le Repas ridicule*).

Pour Jean Molinet :
Premier est le v*in* de Par*is*

De Jean Le Houx, *Vaux de Vire* :
Il faut, v*in* amoureux, que tu me baises auss*i*

Violence

Plus fait douc*eur* que viol*ence*

C'est autrement que *Rrose Sélavy* (voir Robert Desnos) a retourné le vers de La Fontaine… Ça dépend des goûts (et des mâles.)

Violon

Foudroyé, tenant sur son *cœur* son viol*on*

Louis Marsolleau, *Les Baisers perdus*

Dans ce même poème, cette précision pathétique : « **Et son *br*as se tordait au man*che.*** »

Vive

Un corps couché à même la fosse
et couvert de *chaux vi*ve

Michel Leiris, *Liquidation*

Le poème *Rolla* de Musset nous montre une sorte de blanc grimé :

Un masque de *chaux vi*ve

Vivre

Ô qu'heureux est ce*lui* qui *vit* tranquillement
En son petit ménage avec contentement

Garnier, *Les Juives*

Je *v*is aux *ch*amps

Cette déclaration de Victor Hugo se trouve dans *Les Chansons des rues et des bois*; une chanson des bois, donc, comme ce *Bonheur champêtre* d'Olivier de Magny, qui fréquente les chantiers de scieurs :

Bienheureux est celui qui, loin de la cité,
Vit librement aux *ch*amps dans son propre héritage
Et ce poète complète : « **Puis je p*en*se à notre v*ie.*** »
(Pendant qu'il y est, pourquoi ne pas pêcher dans l'étang ?)

Son compagnon Maurice Scève partageait ce goût simple :
Et *v*it aux *ch*amps, n'ayant de rien besoin
Églogue de la vie solitaire
(On ne sait pas si les faneurs connaissaient l'églogue.)

Bienheureux qui l'adore, et qui *vit* de son *temps*
Pierre de Ronsard, *Sonnets pour Hélène*
S'il l'assure, on veut bien croire qu'il l'adore…

Dans *Phèdre* de Racine, Hippolyte fait à la jeune Aricie cette déclaration, assortie de ces vers :
J'ai cru de votre sort devoir vous avertir :
Mon *père* ne *vit* plus…
Sacré Hippolyte !

Vizir

Dans *La Légende des siècles*, Victor Hugo dévoile :
Le *vi*zir sous son *dais*

Voeu

Tes *vœux* sont d'un *D*ieu !

Voltaire, *Discours sur l'Homme*

Dans *Mélicerte*, comédie pastorale de Molière, les bergères admirent les berges des vergers :

***N*os *vœux* à même but aspirent**

On peut passer sous silence le cas de : ***b*ut des *vœux*.**

Après des v*œux* offerts, est-ce ainsi qu'on me qu*i*tte !

Pierre Corneille, *La Galerie du palais*

Voile

Dans *Les Orientales* de Victor Hugo, cette histoire de voiles persans :

Tes femmes, ô Sultan,
Qui pour toi seul *p*ercent leurs *v*oiles

(Elles écartent leurs voiles quand il s'assoupit.)

La même expression se trouve dans une traduction en vers due à Bossuet :

D'une profonde nuit *p*ercez les sombres *v*oiles

Voler

Aimez, lorsque v/olent les p*i*erres

René Char, *Les Matinaux*

Vouer

Dans *Andromaque* de Racine, le roi affronte son « accordée », révélant qu'il était lâche de promettre :

J'épouse une Troyenne. Oui, madame, et j'avoue
Que je vous ai promis la *f*oi que je lui *v*oue

Bibliographie

(Les livres qu'on débite)

- AHMÉDÉE ET LHARIDELLE, *Sagesse n'est pas folie*, Horay, 1973.
- ANTEL (Jacques), *Le Tout de mon cru*, Jean-Jacques Pauvert, 1975 (réédition : Harpo 1987, La Musardine 2002) ;
  Le Contrepet quotidien, Ramsay/Pauvert, 1990 ;
  Titres Fourrés, Éditions Périphériscopiques, Oleyres, 1999.
- LA COMTESSE DU CANARD, *Nouvel Album de la Comtesse*, Stock, 1979.
- ÉTIENNE(Luc), *L'Art du contrepet*, Jean-Jacques Pauvert, 1957.
- FINARD (Armelle), *La Contrepèterie pour tous*, Plon/Charles Hérissey, 2002 ;
  L'Annuel de la Contrepèterie, Plon/Charles Hérissey, 2004.
- COMTESSE M. DE LA F., *L'Album de la Comtesse*, Jean-Jacques Pauvert, 1967.
- MARTIN (Joël), *La Bible du contrepet*, Robert Laffont, 2003 ;
  Le Contrepétisier, Presses Solar, 1992 ;
  Manuel de contrepet, l'art de décaler les sons, Albin Michel, 1986 ;
  Sur l'Album de la Conteste, Albin Michel, 1997 ;
  Le Dico de la contrepèterie, Le Seuil, 1997 ;
  La Bible du contrepet, Robert Laffont, 2003.
- MESLÉ (Robert) et OLIVOTTO (Walter), *Sabine et ses potes*, Nigel Gauvin, 1988.
- ONCIAL (Jacques), *Le Trésor des équivoques, antistrophes et contrepèteries*, Gélatopolis, 1909.

- Perceau (Louis), *La Redoute des contrepèteries*, C. Briffaut, 1934.
- Pouzet (Jean), *800 contrepèteries inédites*, Jacques Grancher, 1975 ; *500 nouvelles contrepèteries*, Jacques Grancher, 1978.
- Rageau (Raymond), *Le Contrepéteur aux champs*, Éditions du CROA (Cercle des Résistants à l'Oppression des Agenouillistes), 1993.
- Tabourot (Étienne), *Les Bigarrures du Seigneur des Accords*, 1588. Librairie Droz, 1986.
- Zech (Henry), *Admirables folles, il ne vous manque que la paresse*, Le Patio, 1992.

Mille et une nuits propose des chefs-d'œuvre pour le temps d'une attente, d'un voyage, d'une insomnie…

La Petite Collection (extrait du catalogue) 437. COLETTE, *Lettres à Tonton.* 438. SAINT AUGUSTIN, *La Mémoire et le Temps.* 439. George SAND, *Lettres d'Italie à Musset.* 440. Éric DUSSERT (édition établie par), *Au fil de l'eau. Les Premiers* Haïku *français.* 441. Patrick BESSON, *Le Sexe fiable.* 442. Khalil GIBRAN, *Les Ailes brisées,* suivi de *Satan.* 443. Paul REBOUX, *Les Animaux et l'Amour.* 444. Li BAI, *Écoutez là-bas, sous les rayons de la lune...* 445. MENCIUS, *De l'utilité d'être bon.* 446. Alain CRÉHANGE, *Le Pornithorynque est un salopare. Dictionnaire de mots-valises.* 447. Pierre KROPOTKINE, *La Morale anarchiste.* 448. Émile ZOLA, *Le Carnet de danse,* suivi de *Celle qui m'aime.* 449. Jeremy BENTHAM, *Défense de la liberté sexuelle. Écrits sur l'homosexualité.* 450. PLUTARQUE, *Dialogue sur l'amour.* 451. Arthur SCHOPENHAUER, *Du néant de la vie.* 452. GEORGE A. SCHWEINFURTH, *Au pays des Mombouttous.* 453. George SAND, *Le Diable à Paris.* 454. Khalil GIBRAN, *Mon Liban.* 455. Henry David THOREAU, *La Vie sans principe.* 456. Baruch SPINOZA/Hugo BOXEL, *Lettres sur les spectres et les esprits.* 457. Guy DE MAUPASSANT, *Les Dimanches d'un bourgeois de Paris et autres aventures parisiennes.* 458. Émile POUGET, *Le Sabotage.* 460. Jules LERMINA, *L'ABC du libertaire.* 461. BÉROUL, *Tristan et Yseut.* 462. Jérôme LEROY, *Big Sister.* 463. Ludwig FEUERBACH, *Pour une réforme de la philosophie.* 464. Francisco DE QUEVEDO, *Heurs et malheurs du trou du cul.* 465. Patrick BESSON, *Encore que.* 466. Jean-Baptiste BOTUL, *Nietzsche et le démon de midi.* 467. CICÉRON, *Les Paradoxes des stoïciens.* 468. Friedrich VON SCHILLER, *Ballades.* 469. ANONYME, *L'Art de foutre en quarante manières.* 470. Arthur SCHOPENHAUER, *Essai sur les femmes.* 471. Georges FEYDEAU, *On purge bébé !* 472. Jacques ANTEL, *Ceux que la Muse habite.* 473. Jules VERNE, *Maître Zacharius ou l'Horloger qui avait perdu son âme.* 474. Nicolas d'ESTIENNE D'ORVES, *La Sainte Famille.* 475. Hérault de SÉCHELLES, *Théorie de l'ambition.* 476. Odette ELINA, *Sans fleurs ni couronnes.*

Pour chaque titre, le texte intégral, une postface, la vie de l'auteur et une bibliographie.

49.4986.01.3
N° d'édition : 55810
Achevé d'imprimer en février 2005,
par Liber Duplex (Barcelone, Espagne).